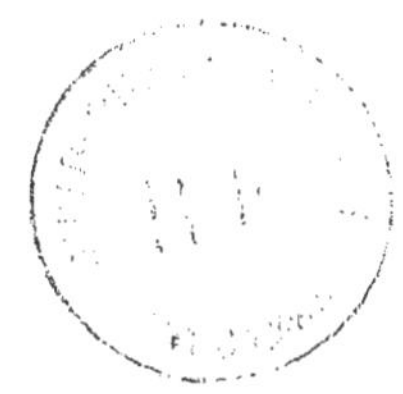

SOUVENIRS D'ITALIE

Petit in-4°.

CATHÉDRALE DE MILAN

MARQUIS DE BEAUFFORT

SOUVENIRS D'ITALIE

Orné de 18 gravures.

LIBRAIRIE DE J. LEFORT

LILLE
RUE CHARLES DE MUYSSART, 24

PARIS
RUE DES SAINTS-PÈRES, 30

NOTICE SUR L'AUTEUR

Philippe Ernest marquis de Beauffort, fils aîné de Charles Louis Joseph Marie Alexandre marquis de Beauffort de Mondicourt, et d'Honorine Léopoldine Ghislaine comtesse de Mérode-Westerloo, princesse de Rubempré, naquit à Arras le 7 février 1782. Il avait épousé, à l'âge de vingt-deux ans, Jeanne Joséphine Catherine de Wignacourt, fille de Louis Antoine marquis de Wignacourt, lieutenant général des armées du roi, grand'croix héréditaire de l'ordre de Malte, et de Marie Françoise Catherine de Sainte-Aldegonde.

M. de Beauffort suivit en émigration ses parents, et fit ses études, avec son cousin le comte Henri de Mérode, dans les universités d'Allemagne. De bonne heure, il acquit une connaissance approfondie de la langue et de la littérature allemande. En 1814, le duc de Caraman, son oncle, ayant été nommé ambassadeur de France à Berlin, il l'accompagna en qualité de secrétaire de légation. Les Cent-jours le ramenèrent à Tournai. Il renonça dès-lors à toute ambition de carrière politique, et se livra exclusivement à l'éducation de ses enfants. De tout temps, ses préférences furent pour la vie simple et de famille. Il quitta Tournai, en 1820, pour résider à Paris; puis, après la mort de Mme la marquise de Beauffort, en 1830, il revint en Belgique.

M. de Beauffort ne cessa jamais d'être un catholique fervent et inébranlable; son dévouement pour le Saint-Siége était véritablement filial et n'avait pas de bornes; ses sentiments religieux étaient nobles et élevés, sa foi vive et absolue.

Ses études et ses goûts le portaient vers la philosophie. De concert avec son cousin M. de Mérode, il composa l'important ouvrage intitulé *l'Esprit de vie et l'Esprit de mort*, et écrivit divers opuscules, toujours inspirés par les mêmes principes. En 1843, lors de la fondation du Cercle catholique à Paris, le marquis de Beauffort en fut nommé président, et il prononça devant cette assemblée un discours d'ouverture fort remarquable.

M. de Beauffort avait aussi un vif sentiment des arts; il appréciait avec une rare sagacité les chefs-d'œuvre de l'architecture, de la sculpture et de la peinture. Vers la fin de 1830, il passa une année en Italie. Ce voyage fut un temps de bonheur pour lui. Se trouver dans la ville sainte, parmi les plus glorieux souvenirs du christianisme, objets des affections de toute sa vie, visitant, appréciant les chefs-d'œuvre qui abondent en Italie!... M. de Beauffort adressait presque journellement à sa famille le récit des impressions à la fois naïves et enthousiastes qui pénétraient son âme. C'est le recueil de ces lettres qui forme le présent volume.

Il passa ses dernières années à Bruxelles, entouré d'une partie de sa famille, continuant à s'occuper, autant que sa santé le lui permit, des études philosophiques et religieuses qui l'intéressèrent jusqu'à son heure suprême, et donnant à ses enfants et petits-enfants les conseils les plus nobles, les plus généreux et les plus chrétiens. Il rendit doucement son âme à Dieu le 18 mai 1858.

AVIS DES ÉDITEURS

Bien des plumes élégantes et exercées ont déjà décrit les contrées que l'illustre auteur de cet ouvrage a parcourues; mais ce qui donne une physionomie originale à ses *Souvenirs,* ce qui a excité une grande sympathie dans les âmes, c'est moins la finesse de l'aperçu, la vivacité de la verve, la richesse naïve du récit, que la verdeur de la foi et la profondeur du regard.

Aussi nous sommes-nous empressés de reproduire cet intéressant ouvrage, nous permettant seulement quelques légères modifications que les circonstances nous ont paru rendre nécessaires.

Nous sommes persuadés que tous nos lecteurs y verront avec joie l'heureuse alliance de la noblesse de caractère, de la supériorité de talent, de l'amour éclairé des arts, et du dévouement sans limites à la sainte religion de nos pères.

SOUVENIRS D'ITALIE

LETTRE I

Bade, 16 octobre 1833.

Je profite, mon Alfred, de quelques moments de loisir pour te donner de mes nouvelles. Jusqu'ici mon voyage a été heureux; mais combien je suis seul! Mon pauvre G.... a la meilleure volonté du monde; mais il ne peut remplacer A...., avec qui je pouvais du moins causer de toutes choses.

Je ne te donnerai point de détails sur chacun des lieux que j'ai traversés; cela serait trop long et n'aurait rien de bien neuf. Tu connais la route charmante de Bruxelles à Namur, et de Namur à Liége, et la route plus belle encore qui mène de Liége à Verviers, sur les bords de la Vesdre. Aix-la-Chapelle a de bien jolis environs, des restes curieux de vieux châteaux.

J'ai passé vingt-quatre heures à Cologne. Que la cathédrale est admirable! Si l'on sait achever par la pensée ce qui est si magnifiquement commencé, on a l'idée d'un incomparable chef-d'œuvre que, d'avance, je suis tout disposé de mettre au-dessus de Saint-Pierre de Rome. Je ne te dirai rien de plus de cette magnifique église, parce qu'il y aurait trop à en dire. Je me bornerai à te confier une petite trouvaille que j'y ai faite. Dans une chapelle latérale se trouve un prie-Dieu en chêne sculpté; cette sculpture représente l'adoration des mages. Le mouvement plein de vie et d'expression du roi mage qui se jette avec amour aux pieds du divin Enfant, la pose si noble de la Vierge qui incline doucement l'Enfant vers le roi, la pose si vraie, si naïve de l'enfant Jésus : tout cela est délicieux. L'enfant Jésus ne donne pas sa bénédiction, comme je l'ai vu dans plusieurs tableaux; il se donne lui-même. Mais qui s'arrête à regarder ce petit chef-d'œuvre, relégué et comme jeté négligemment dans une chapelle latérale non achevée? Je voudrais composer un livre intitulé *Des chefs-d'œuvre inconnus.*

Je ne me suis point arrêté à Coblentz, si pittoresquement situé au confluent de la Moselle et du Rhin. En passant devant une église dont j'ai oublié le nom, je remarquai une fontaine, sur la façade de laquelle je lus cette inscription :

Erigée en 1812, *année remarquable par la campagne contre les Russes.* JULES DOAZAN.

Un peu plus bas, on a gravé les mots suivants en mêmes caractères :

Vu et approuvé par nous, commandant russe à Coblentz, le 1er *janvier* 1814.

Malgré deux jours de pluie, c'est-à-dire depuis Cologne jusqu'à Mayence, j'ai été ravi de la beauté des contrées que je parcourais pour la septième fois. Il faudrait passer trois semaines de la belle saison pour voir en détail ces bords enchanteurs du Rhin, gravir les hauteurs, visiter ces belles ruines de châteaux gothiques, et jouir, du sommet de ces vieilles tours, de points de vue admirables. Ici sont réunies toutes les beautés de la nature et de l'histoire : souvenirs d'antique chevalerie, coteaux couverts de charmants vignobles, routes bordées de pommiers, de cerisiers, de noyers, jolies petites villes adossées aux montagnes et se baignant dans le Rhin; tout ce qui charme la mémoire et les yeux, tout ce qui parle au cœur, se trouve sur les bords de ce fleuve magnifique, dont une riante mythologie eût fait le dieu bienfaiteur de ces contrées. Près d'un être chéri, comme on jouirait avec délices de cette belle nature!

Tu connais le proverbe espagnol : *Une âme seule ne pleure ni ne chante.* Il a tort; elle pleure.

CATHÉDRALE DE COLOGNE

Mais parlons de Bade, où je suis depuis quelques jours. Voici la description du vieux château, que je me suis amusé à composer ni plus ni moins qu'un écolier de rhétorique.

Au centre d'un groupe de montagnes d'inégales hauteurs, toutes couvertes de superbes forêts, apparaissent, nageant dans la verdure, les belles ruines du château de Bade. Les sapins séculaires, les ormes noueux aux formes bizarres, pittoresques, revêtent les vieux pans de murs, remplissent les diverses enceintes, car il y a jusqu'à trois enceintes à ce vaste château. La première renferme et porte en quelque sorte la seconde; une tour d'une grande élévation domine le tout, semblable à un roi au centre de ses vaillantes cohortes. Mais qui pourrait décrire la vue dont on jouit du haut de ces nobles ruines? Par-dessus des montagnes rangées sous vos yeux d'étage en étage, par-dessus un océan de verdure, ou, pour mieux dire, par-dessus les vagues amoncelées de la plus étonnante végétation, votre œil plane librement sur Bade et sa charmante vallée, sur le cours du Rhin, sur les riches plaines du grand-duché et de l'Alsace, jusqu'aux Vosges qui les couronnent à l'horizon. Ici la richesse, la grâce, les plus riants aspects se marient au sauvage, au pittoresque, aux sites d'une sublime mélancolie.

Trait pour trait, le pompeux de ma description n'ôte rien à son exactitude. Mais je quitte ces grands airs, bien vite je redeviens ce que Henri appelle l'homme du monde, qui n'est ni un savant à l'huile de lampe, ni un saint à mettre dans une niche.

J'ai beaucoup parcouru les charmants environs de Bade; il est bien peu de sites qui leur soient comparables. Pour qu'un paysage ait tout l'intérêt qu'il peut avoir, il faut trois choses : une nature variée, eaux, plaines et montagnes; des lieux habités protégés par une église, et de belles ruines; c'est-à-dire Dieu, l'homme, la nature : les ruines rappellent le passé, les lieux habités le présent et l'avenir, l'église l'hommage à Dieu; une belle nature est le cadre et, si on peut le dire, le fond et le support de l'histoire et de la société.

Or voilà les intérêts qu'inspirent les environs de Bade. Les ruines surtout ont pour moi un attrait toujours nouveau. Sais-tu pourquoi les vieux donjons nous charment tant? C'est qu'ils sont pleins d'expression et, si je puis le dire, de physionomie; leur beauté vient de l'âme, et comme chez les personnes pleines de nobles sentiments, elle intéresse plus que la parfaite régularité des traits : voilà la différence qui existe entre l'architecture gothique et le style grec. Ainsi la mâle et fière physionomie d'un guerrier, quoique moins régulière, peut avoir une beauté supérieure à celle de l'Apollon des Grecs ou de l'Antinoüs.

Mais je tombe de sommeil; bonsoir, mon Alfred; je pars demain.

LETTRE II

Fribourg, 19 octobre 1833.

Je n'ai point achevé ce que je voulais te dire sur les vieux donjons. Je ne t'ai point parlé des belles ruines du château d'Heidelberg, les plus considérables peut-être de toutes celles qui existent en Europe. Deux pensées ont présidé à la construction de ce vaste édifice; la partie ancienne porte les traces de la force, de la défense, la partie moderne, celle du XVIe siècle, est évidemment inspirée par une pensée d'embellissement; ce n'est plus la vie de famille, la haute et fière indépendance, que retrace cette partie, c'est le désir de plaire aux yeux, c'est la grâce coquette de la renaissance. Or ce qui me plaît surtout dans les vieux donjons, c'est la parfaite unité; voilà la beauté qui leur est propre. Ces châteaux sont comme la seconde armure du chevalier; ils suivent les contours et en quelque sorte toutes les formes des lieux élevés sur lesquels eux-mêmes sont élevés; ils entourent, ceignent et défendent le sol sur lequel leurs fiers possesseurs ont planté leur bannière, comme l'armure du chevalier suit les formes et les contours de son corps : sous cette seconde armure, comme sous la première, ne sentez-vous pas battre le cœur des héros? Ici tout est héroïque, au dedans et au dehors.

Plus on étudie le moyen âge, plus on admire les expressions à la fois naïves et sublimes, l'étonnante variété dans l'unité que présentent les monuments religieux et patriotiques. Remarque ceci : l'homme est l'abrégé de la nature, il en est le pontife; il est grand surtout parce qu'il est l'image de Dieu. Ce qui nous charme en lui, c'est le reflet divin : or l'architecture gothique est à la fois végétale, mystérieuse, symbolique; elle exprime et fait sentir à l'âme de merveilleuses harmonies avec Dieu et la nature. Vivement élancées vers le ciel, légères et transparentes, toutes brillantes de la lumière qui les pénètre de toutes parts, semblables à de magnifiques productions végétales, qu'elles sont belles ces flèches aériennes de nos églises gothiques!

L'église de Fribourg, avec ses trois tours, symbole de la Trinité, ses autels gothiques, sa chaire gothique et tous ses vitraux si riches de couleurs aussi vives que variées, est la seule complétement achevée que je connaisse. Le samedi, jour de mon arrivée, j'avais admiré cette merveilleuse unité; le lendemain, j'ai assisté à l'office. Imagine-toi cette belle église toute resplendissante d'une mystérieuse lumière, toute retentissante de chants sublimes, toute sonore, harmonieuse à l'ouïe, à la vue, à l'âme tout entière, et tu comprendras comme moi la grande foi du moyen âge!

Combien la profondeur de la pensée l'emporte, chez les *hommes des anciens jours*, sur la pensée superficielle et la seule tendance vers l'expression extérieure qui se manifeste dans les tableaux plus modernes, chez Rubens, par exemple! Au maître-autel de la cathédrale se trouve un tableau peint par Holbein : dans le volet qui a pour sujet la Visitation, ce grand peintre représente, derrière la Vierge que salue sainte Elisabeth, l'aube du jour qui déjà éclaire les hauteurs. Ainsi, dans la pensée d'Holbein, la lumière extérieure est le symbole de la lumière bien autrement sublime que la sainte Vierge portait dans ses chastes entrailles, et qui bientôt allait se lever pour illuminer le monde. Ces belles inspirations ne se retrouvent plus dans les tableaux des époques suivantes. L'autre volet représente la fuite en Egypte; sur la route les anges abaissent les branches des arbres pour donner de l'ombrage à la divine Mère et au divin Enfant.

Je suis bien content de ma route. Depuis Bruxelles jusqu'ici, c'est-à-dire pendant plus de cent soixante lieues, en passant par Coblentz, Mayence, Manheim, Heidelberg, Carlsruhe, Bade; pendant toute cette longue traversée, je n'ai vu que de beaux sites, ruines curieuses, antiquités remarquables, vieux et modernes palais entourés de beaux parcs. Toute cette nature est belle, et l'on sent que toutes les âmes sont pénétrées de sa beauté; la nature allemande est musicale, si je puis le dire; l'harmonie répond à l'harmonie; elle est partout, dans les sites et dans les âmes. Et ce que j'ai vu n'est encore que l'introduction et comme la préface de ce que je vais voir : cette belle Suisse que je retrouve toujours avec un nouveau plaisir, puis l'incomparable route du Simplon, et enfin l'Italie!

Mais tu me manques, mon Alfred; je suis seul pour sentir et admirer; je n'ai personne à qui je puisse communiquer mes émotions, mes observations. Mon bon G.... est plein de soins pour moi, mais je ne puis en espérer davantage. Je chatouille, je pince, je fouette son intelligence, mais en vain; il ne me montre pas plus de curiosité qu'un homme qui aurait passé sa vie dans les salons. Cependant quelquefois la vue de tant de vives beautés le tire de sa léthargie; aujourd'hui il m'a dit que le voyage l'amusait beaucoup.

En général, les auberges sont bonnes, mais chères, surtout pour un homme qui voyage aussi cavalièrement que moi; je paie les intérêts de ma bonne mine, c'est-à-dire de la bonne mine de ma voiture. Adieu, mon Alfred. Je pars demain pour Bâle; j'écrirai de là à ta sœur.

LETTRE III

Bâle, 21 octobre 1833.

Enfin, ma bonne Louisa, après douze jours de route, et deux cents lieues de poste faites et, qui pis est, payées, me voici à Bâle. Je n'ai certes point pris la route la plus courte; j'ai fait comme les écoliers: j'ai pris le plus long, mais le plus amusant. Je suis venu depuis Mayence par Manheim, Heidelberg, Carlsruhe, Bade, Fribourg en Brisgau; mais aussi quels pays! toujours de plus en plus ravissants.

La pluie m'enveloppait quelquefois et formait une espèce de voile autour de ma vue; j'étais alors comme dans un beau musée dont on aurait fermé les croisées et les volets; je ne pouvais qu'à peine entrevoir et deviner les sites charmants qui s'offraient à moi de toutes parts; mais bientôt le soleil reparaissait, la toile se levait, et je jouissais de nouveau du spectacle le plus admirable.

VUE DE BALE

Cette Allemagne est magnifique, surtout le cours du Rhin ; mais il y a encore de belle poésie après lui. Le grand-duché de Bade est on ne peut plus intéressant. Fribourg offre, outre sa belle situation, une magnifique cathédrale, qui a cela de particulier que tout y est achevé ; j'y ai remarqué de beaux tombeaux gothiques, entre autres celui d'un chevalier avec le glaive dans le fourreau, le casque en tête et la crosse épiscopale dans la main droite, ce qui indique qu'après avoir été guerrier il devint évêque. Vis-à-vis de cette belle église se trouve un charmant hôtel de ville gothique, très-bien conservé, et, en face, une fontaine gothique des plus élégantes, entourée de chevaliers et d'évêques sculptés en pierre, ayant au milieu d'eux la sainte Vierge, comme pour porter à la postérité le témoignage de l'esprit religieux qui animait les héros et les pontifes bienfaiteurs de la ville. Je te le demande, ma Louisa, ces objets n'ont-ils pas un intérêt assez vif pour fixer toute l'attention des amateurs du moyen âge ?

Ajoutez que vous côtoyez, pendant plus de quarante lieues, les montagnes les plus curieuses, de formes les plus variées ; les hauteurs sont presque toujours couvertes de sapins, les pentes de vignobles charmants, de couleur pourpre dans cette saison, pendant que les sommets paraissent à l'œil, dans le lointain, du plus beau bleu de roi. Ah ! la nature est d'une inépuisable magnificence ; elle charme et rafraîchit notre âme, et même dans la mauvaise saison, ses rigueurs n'ont rien d'hostile comme celles des hommes, elles ne blessent pas le cœur, mais tout au plus l'épiderme de la peau. J'ai revu ici tous les objets curieux que j'avais déjà vus autrefois.

Dans les vieux cloîtres de la cathédrale de Bâle, parmi la foule de tombeaux suspendus aux murs, j'ai remarqué deux beaux bas-reliefs.

Une jeune mère ressuscite, tenant entre ses bras ses deux enfants morts avant elle, et la mère et les enfants élèvent avec amour leurs regards et leurs mains vers le ciel ; cela est admirable ! Le second bas-relief est presque aussi beau : il représente un époux désolé au pied du lit de sa femme morte en couches. Abîmé dans sa douleur, il semble déshérité de toute espérance sur la terre ; mais, au chevet du lit, la nourrice lui présente son enfant pour le rappeler à la vie par le plus touchant souvenir. Ah ! me disais-je, au lieu des froides imitations de la froide antiquité païenne, pourquoi nos artistes ne puisent-ils pas toujours dans le christianisme de touchantes, de nobles inspirations ?

Je suis logé aux *Trois Rois ;* devant moi le Rhin. J'entends bruire à mes pieds ses flots harmonieux ; je le vois se dérouler en magnifiques contours. Adieu, mon enfant, aime-moi. Ta bienheureuse mère t'a léguée à moi, afin de m'aider à supporter tous les jours une perte plus douloureuse.

Je t'aime, t'embrasse et te bénis.

LETTRE IV

Bâle, 24 octobre 1833.

Je ne te donnerai pas de détails, mon bon Charles, sur des lieux que nous avons parcourus et admirés ensemble, et que cette fois-ci je n'ai fait qu'entrevoir. Il fait un vrai temps d'hiver, froid, gris, pluvieux. Dans les hôtels, j'arrive gelé, et j'ai pour toute consolation un poêle qui me brûle le cerveau et me laisse les pieds froids; enfin, il faut toute la jeunesse de mon âme pour percer les brouillards qui m'enveloppent, et découvrir au travers cette nature qui nous enchantait l'un et l'autre. C'est cette *intuable* jeunesse d'âme qui vit encore en moi, malgré mes cheveux grisonnants, et vivra longtemps, j'en ai peur, qui me fait toujours goûter avec délices les charmes d'une belle nature. Je ne me suis guère arrêté depuis mon départ; cependant je m'échauffe facilement, et je crains d'éprouver le sort des roues qui tournent trop vite et trop longtemps de suite.

Il est certain que je suis parti trop tard, beaucoup trop tard; l'hiver me gagne et me pénètre déjà, et j'ai encore bien des lieues à faire pour arriver au Simplon, qui, de sa nature, ne doit pas être très-chaud. Néanmoins, depuis quelques heures, le temps se remet au beau, et j'en veux profiter pour faire une petite excursion à Lucerne. Demande à ta sœur qu'elle te communique ma lettre, car je ne puis écrire à tous en même temps.

LETTRE V

Bâle, 26 octobre 1833.

J'ai fait une excursion à Berne et à Lucerne, ma Louisa; comme je te l'ai dit, je me promène en écolier; je vais à droite, à gauche, partout où je me sens appelé. Mais il faut que je te rende compte de l'impression que j'ai éprouvée en passant du canton de Berne au canton de Lucerne. J'étais depuis deux jours dans le canton de Berne, si riche, si opulent, si magnifique, et sous le rapport industriel et sous le point de vue pittoresque; néanmoins j'éprouvais une tristesse dont je ne me rendais pas bien compte. Enfin j'arrive à un village situé au pied d'une montagne couronnée d'une chapelle dédiée à la sainte Vierge, à laquelle on arrive en suivant les stations du chemin de la croix. Non, je ne puis rendre le bien-être que j'ai ressenti; il me semblait qu'on m'ôtait un poids que j'avais sur le cœur. Ah! me disais-je à l'instant même, je comprends le malaise qui m'oppressait au milieu de toutes les magnificences du canton de Berne. Des temples vides et toujours fermés, point de croix consolatrice, point de culte d'amour; un sol riche, mais une vie toute renfermée dans les soucis du présent, froide, sans consolations : voilà ce qu'offrent les cantons protestants. Mais voici une simple chapelle ouverte. Ah! c'est un rayon de lumière, c'est une issue aux innombrables peines de la vie : voici l'église, centre du village, des fidèles qui prient; ils invoquent, ils espèrent, ils remplissent « ces tribunaux de miséricorde qui justifient ceux qui s'accusent! » O merveille de la religion!.... Ici des croix sur toutes les tombes, symboles d'immortalité. Ah! la vie n'est point déshéritée; il y a un avenir de bonheur, il y a des consolations ici-bas pour les âmes affligées, le ciel projette sur la terre quelques-uns de ses rayons bienfaisants. La montagne est rude, image de la vie; ceux qui la gravissent portent une croix pesante. Mais, de station en station, le souvenir de l'homme de douleurs, qui a porté dans sa croix toutes les croix de la nature humaine, les soutient : suivons-le, invoquons-le, unissons-nous à lui; il nous soulagera, il nous fera arriver au sommet, là où toutes les fatigues cessent ! Et voyez à la cime de la montagne cette chapelle consacrée à la Mère du Sauveur : les murs sont couverts de témoignages de la reconnaissance de ceux dont elle a, par sa maternelle intercession, soulagé les douleurs, guéri les maux, de ceux dont elle a apaisé les indicibles gémissements. Rien ne peut rendre l'impression que m'a faite le passage subit d'un pays protestant à un canton catholique. J'ai été touché, et j'ai compris ce que l'absence de la religion laisse de froid, de vide, d'inconsolable dans l'âme, ce que le catholicisme nous apporte d'espérance dans une meilleure vie et de consolations ici-bas.

Et ces impressions, il faut qu'elles soient bien naturelles, bien harmonieuses à l'âme, car je les retrouve partout. J'étais à Stanz il y a deux jours; j'allai visiter l'église : c'était un jour ordinaire, on y célébrait l'office; les fidèles des deux sexes y assistaient en grand nombre avec une édifiante piété. Cette belle église, centre et en quelque sorte sanctuaire d'une sublime vallée qui est elle-même comme un temple formé par la nature, car les hautes montagnes qui l'entourent semblent les murs d'un vaste temple dont le ciel même est la voûte; cette église si simple et cependant si ornée; ces statues de saints rangées sur le pourtour de la nef et sur les autels pour servir d'encouragement et d'exemples aux fidèles; l'immortelle population de l'Eglise *triomphante* couronnant ainsi visiblement sur la terre, comme dans les cieux, la population de l'Eglise *militante;* mon âme remuée à la fois par les magnificences de la nature, par les pompes de la religion et par la touchante ferveur des adorateurs du vrai Dieu !... jamais ces souvenirs ne s'effaceront de ma mémoire.

Voilà tout ce que tu auras aujourd'hui de moi, ma Louisa. Je n'entrerai point dans d'autres détails; en parcourant les itinéraires, on en peut apprendre beaucoup plus ou beaucoup moins, *ad libitum!* Pour moi, j'ai surtout besoin d'épancher mon âme dans ton âme. Prie pour moi, chère enfant; tes prières si filiales doivent avoir du crédit auprès de Celui qui lui-même nous invite à le nommer *Notre Père.*

LETTRE VI

Arona, sur les bords du lac Majeur, 31 octobre 1838.

Gigantesques débris d'un monde brisé! silence! bruits sublimes! imposante nature, toujours magnifique, soit que tu inspires l'amour, soit que tu inspires la terreur, salut!.... Tel serait le début d'un poëme que je composerais en descendant le Simplon, si j'étais poëte; mais je dois me contenter d'admirer, il ne m'est pas donné de peindre d'aussi sublimes beautés. Je reprends donc mon voyage où je l'ai laissé, ma Louisa, et je veux du moins te donner un récit abrégé de ma route depuis Bâle jusqu'ici. En sortant de Bâle, route charmante, pour aller à Soleure, ruine curieuse des châteaux de Vallenburg et de Falkenstein; entre deux rochers à pic, eux-mêmes élevés sur un rocher, apparaissent ou plutôt disparaissent les ruines de Falkenstein, pour montrer combien peu de chose sont les créations de l'homme à côté des sublimes créations de la nature. Mais que dire de la vue que l'on a en sortant de ces gorges étroites, lorsque tout à coup on aperçoit une immense rangée de glaciers à plus de vingt lieues de distance? Géants de la nature, ces terribles rois des montagnes se teignent du rose le plus vif aux rayons du soleil couchant, et revêtent en même temps une grâce enchanteresse et une imposante magnificence.

Arrivé à Soleure, j'ai couru chez mon bon Haller; il a paru surpris autant que charmé de me voir; je l'ai trouvé avec sa femme, avec son fils aîné et son gendre, qui a l'air pénétré d'une profonde douleur. Hélas! partout des existences brisées, des cœurs déchirés!... Qu'est-ce donc que cette amère déception qu'on appelle la vie!

Je suis venu par Payerne; le lendemain à Vevay, au bord du lac de Genève. Ici encore je dois confesser mon impuissance. Comment peindre l'effet de ces hautes et sévères montagnes, n'ayant pas l'air de toucher au sol, portées en quelque sorte sur les vapeurs du lac, vue magique, fantastique, impossible à rendre; puis ces coteaux couverts des plus charmants vignobles, des plus délicieux vergers, et ces jolis villages, baignés pour ainsi dire au milieu des vignobles?... Chateaubriand serait seul capable de peindre l'enchantement de ces beaux lieux. J'ai couché à Vevay; puis, longeant toujours le lac, je me suis bientôt trouvé à l'entrée du Valais. Imagine-toi de profondes vallées, entourées de toute part de hautes montagnes; un sol bas, marécageux; des vapeurs méphytiques s'en exhalent sans cesse, et le soleil ne paraît que pour réchauffer ces vapeurs pestiférées. Là vivent ou plutôt se traînent de malheureux humains, pâles, hâves, au teint jaune et maladif comme les herbes et les roseaux des lieux qui les entourent. On dit les Valaisans très-religieux, et je le crois sans peine; ils ont besoin de croire à un autre monde pour se consoler de celui qu'ils habitent. Cependant ces lieux ne sont pas sans intérêt; les montagnes qui encerclent les vallées sont souvent couvertes d'une curieuse végétation de pins, et même il s'y trouve des vignobles. De petits villages, ou plutôt de misérables chaumières, pendent de toutes parts sur les flancs escarpés des montagnes, et l'on ne conçoit pas comment le pied de l'homme est assez sûr, son œil assez hardi pour affronter de pareils sites.

J'ai passé deux jours dans ces tristes vallées; enfin je suis arrivé à Brieg, au bas du Simplon, que j'ai gravi à pied. Ici l'étonnement renaît plus vif encore : on monte par une route toujours longeant le flanc des montagnes, sur lequel elle est tracée, et, pendant qu'on s'élève, ce semble, jusqu'à la région des nuages, l'œil effrayé plonge à d'immenses profondeurs jusqu'aux entrailles de la terre.

J'ai couché au refuge élevé sur le Simplon et qui sert de maison de poste : Beresalte, c'est le nom de l'endroit. Puis vous redescendez pendant sept lieues le côté opposé du Simplon, et là de nouveaux étonnements, disons mieux, de *nouveaux épouvantements*, vous attendent encore. La route est creusée entre les rocs les plus élevés; vous êtes écrasé, anéanti sous le poids des rochers incommensurables qui pendent sur votre tête; sous vos pieds, au fond des abîmes, mugissent des torrents fougueux. Tout est silence autour de vous, pendant que le bruit sourd, monotone, sublime du torrent ajoute aux impressions que vous éprouvez.

Je me trouvais avec un Anglais à l'auberge du Simplon, où, par parenthèse, on m'a fait manger du chamois qui ressemble assez au chevreuil....

Enfin je suis sorti de ces magnifiques horreurs, et j'ai vu avec délices la jolie vallée où se trouve Domo-Dossola. Les vignes, dont les festons s'entrelacent avec une grâce infinie aux cerisiers, aux arbres fruitiers, les plus jolies maisons de campagne remplissent de toute part cette charmante vallée. Ce matin, je suis parti de Domo-Dossola, et suis arrivé vers midi sur les bords du lac Majeur, à Baveno. Je croyais que rien ne pouvait égaler le lac de Genève; mais le lac Majeur a un mérite qui lui est particulier : c'est de renfermer le Royaume-Uni, la double couronne de la maison Borromée : j'appelle ainsi l'Isola-Madre et l'Isola-Bella. C'est au milieu de cette dernière île que se trouve le palais Borromée. Palais, c'est bien le mot : une très-belle galerie de tableaux, une salle d'audience comme dans les palais des rois, les portraits de ces grands Borromée qui ont occupé les plus hautes dignités de l'Eglise et de l'Etat; puis des jardins en terrasses; onze terrasses superposées les unes aux autres, toutes bordées de citronniers, d'orangers, de cédrats, les plus beaux arbres verts que j'aie vus, entre autres deux immenses lauriers, des cyprès de soixante pieds de haut, et surtout des vues admirablement belles sur le lac Majeur.... Je doute qu'aucun particulier en Europe possède une habitation plus royale.

Les souvenirs de la grandeur et de la puissance de la maison Borromée se trouvent partout ici. Le comte Borromée est le véritable roi de ce beau lac, qui a dix-sept lieues de long sur deux de large; la pêche lui appartient; il la loue vingt-quatre mille francs par an, et l'entretien de ses jardins lui coûte, dit-on, la même somme. Je couche à Arona, dont jadis il était souverain. Demain j'irai voir la statue gigantesque de saint Charles.

Voilà, ma bonne Louisa, une rapide esquisse de mon voyage. Je retrace à la hâte mes toutes vives impressions, et je te prie d'envoyer cette lettre à ton frère; car, pressé par la multitude d'objets que je ne puis qu'effleurer, je n'ai pas le temps de lui écrire. Je reste ici demain matin, jour de la Toussaint, pour entendre la messe; puis, vers midi, j'irai à Varèze, et le lendemain à Côme. Dans trois jours, je serai à Milan. Là, enfin, je me reposerai plusieurs jours; car voilà plus de trois semaines que je suis en route, et j'ai besoin d'un peu de repos. J'ai toujours eu le plus beau temps du monde depuis mon départ de Bâle.

Il n'est presque pas de jour où je ne fasse quatre ou cinq lieues à pied. J'ai mangé ici d'excellents poissons. On pêche dans le lac des truites qui pèsent jusqu'à soixante livres, dit-on.

Les Italiens sont vifs, ont l'air spirituel, et du moment que vous voulez les bien payer, ils se montrent très-serviables. Oh! ma Louisa, que le lac Majeur est beau! C'est par cette réflexion que je finis.

LETTRE VII

Côme, 3 novembre 1833.

Quel aimable accueil j'ai reçu de la charmante famille à laquelle j'ai été recommandé à Varèze! Je puis le dire, j'ai été reçu comme un frère, et mon cœur en conservera une éternelle reconnaissance. J'ai toujours pensé qu'il existait, entre certaines âmes, une harmonie préétablie, de telles affinités qu'elles se reconnaissent à la première vue. Oui, je viens d'éprouver une des plus douces jouissances de ma vie.

Comment n'aimerais-je pas l'Italie, quand j'y trouve de pareils êtres, comprenant tout, aimant tout ce qui est bon, dans la juste mesure, sans qu'une affection nuise à l'autre? Il n'y a point de lacune dans ces âmes-là. J'ai passé bien peu de temps à Varèze, et je ne me consolerais pas d'avoir si peu joui de si aimables sympathies, sans l'espoir de retrouver bientôt à Milan mes nouveaux ou plutôt mes anciens amis.

Du lac Majeur à Varèze, et de Varèze à Côme, les routes sont presque toujours bordées de mûriers et de vignes entrelacées aux mûriers, dont les festons s'étendent avec grâce d'une vigne à l'autre. Les clochers des églises ont tous quatre ou cinq cloches dont les sons, sur les bords du lac, vont se répétant d'une rive à l'autre, ce qui produit un effet charmant. J'ai assisté à l'office ambroisien à Varèze : les acolytes se placent des deux côtés de l'autel; l'épître et l'évangile se chantent du haut de la *chaire de vérité;* cette chaire était admirablement sculptée en chêne, soutenue par de colossales statues d'évêques.

Mais je voudrais te dire un mot de la jolie petite ville de Côme. Située à l'extrémité du lac qui serpente entre de hautes montagnes,

LAC MAJEUR

toutes chargées à leurs différents étages de jolis villages, de charmantes villas, cette ville, toute italienne, rappelle le moyen âge. Partout l'œil pénètre dans de vastes cours entourées de galeries portées sur des colonnes d'une belle architecture. Sans doute tout cela est dans un grand état de dégradation, ces vastes galeries sont solitaires, sales, et dénotent la pauvreté des possesseurs actuels; mais comme elles rappellent bien aussi la richesse, la magnificence et le goût de ceux qui les bâtirent! L'église cathédrale, qu'on appelle le Dôme, est belle et d'une architecture remarquable. Je te parlerai un autre jour du lac, le plus beau peut-être de tous ceux que je connaisse.

Ce pays-ci ne ressemble à rien de ce que j'ai vu. Sous mes fenêtres, deux musiciens jouent du violon dans une barque. Dans les rues, une foule de grands, de moyens et de petits abbés. Rien de plus comique que ces petits abbés à peine âgés de dix ans; mis comme nos curés, et comme eux coiffés de tricornes, ils se promènent les mains dans les poches, en sifflant.

Adieu, ma fille; je pars pour Milan.

LETTRE VIII

Milan, 5 novembre 1833

Quelle belle ville, mon Alfred! Je viens d'arriver, et je n'ai encore vu que les principales rues et l'église cathédrale, si remarquable par sa grandeur et son élévation. J'ai passé trente-six heures à Côme; je comptais aller par le bateau à vapeur jusqu'au bout du lac, mais il faisait un vent détestable, et je me suis borné à parcourir les bords les plus voisins de la ville. Ce beau lac est composé, pour ainsi dire, d'une suite de golfes qui s'unissent les uns aux autres par des goulots plus ou moins larges, plus ou moins droits.

Semées au milieu des vignobles, des châtaigniers, des citronniers, des orangers, des oliviers, les villas sont, les unes au bord du lac dont les flots baignent leurs murs, les autres sur les plateaux plus ou moins élevés; telles sont la villa Odescalchi, la villa d'Este, la villa Pliniana, la villa Melzi, la villa Sommariva. Mais c'est surtout la belle situation de Côme qui a fixé toute mon attention; pour en juger, il faut gravir le mont à droite de la ville.

Le paysage que l'on découvre de cette hauteur est admirable : dans la vallée, Côme et son lac, puis un premier cintre de collines; sur leurs plateaux, des villages et de jolies villas; au-dessus de ces collines, un second amphithéâtre meublé de la même manière; enfin, dans le fond, les hauts glaciers du Valais aux formes grandioses et bizarres. Les collines qui s'élèvent d'abord au-dessus de la vallée sont d'une belle teinte orange et pourpre; les montagnes qui les dominent offrent à l'œil des teintes bleuâtres, tandis que, dans l'éloignement, les Alpes paraissent d'une couleur verdâtre qui ajoute à leur effet sublime. Le ciel qui forme le dôme de ce magnifique tableau est d'une pureté remarquable, animé par de vives teintes au soleil couchant; jamais la peinture n'a reproduit de si étonnantes harmonies.

Le peuple, dans tous les endroits que j'ai traversés, m'a paru vif, animé, spirituel. Je ne puis assez m'étonner de la disposition peu bienveillante des voyageurs qui vont en Italie; la plupart ne parlent que de la malpropreté et de la friponnerie des hommes du peuple, moi j'ose affirmer qu'ils sont en général d'un bon caractère. Observez-les, ces pauvres gens à peine vêtus qui remplissent les rues, les places et les ports; qu'un musicien ambulant, dont il y a un si grand nombre en Italie, vienne à leur jouer un air, tous l'entourent, chantent avec lui, dansent au son de son instrument et secouent ainsi gaiement leur misère.

J'étais à Côme, au retour du bateau à vapeur qui, parti le matin par un grand vent, avait éprouvé dans sa marche un retard de trois heures. Les gens du peuple l'attendaient avec impatience; de temps en temps ils faisaient retentir l'air de grands cris, comme pour hâter son retour. Enfin, comme de coutume, deux coups de canon, dont les sons se prolongeaient d'écho en écho dans les cavités des montagnes, annoncèrent son arrivée. Alors ce furent des cris de joie universels, un train dont on ne peut se faire d'idée; c'était comme un ami longtemps attendu dont on salue le retour.

C'est à mille petites observations de ce genre que l'on reconnaît et, pour ainsi dire, que l'on touche au doigt et à l'œil les mœurs d'un peuple. Je n'oublierai jamais l'impression que j'éprouvai à la Madona del Monte, au Monte-Sacro, près de Varèze. L'office du soir était terminé; sur les bancs, des paysans et des paysannes, à genoux, priaient avec ferveur; sur les marches latérales et sur les degrés inférieurs des autels, étaient assises des paysannes, qui sans doute étaient venues de loin, pendant que de jeunes paysans, au buffet d'orgue, placé derrière l'autel à la romaine, essayaient alternativement leur talent sur cet instrument; tous avaient l'air décent, heureux et à l'aise dans la maison de Dieu, comme des enfants qui causent et s'ébattent innocemment sous les yeux d'un père. A ce spectacle d'une touchante naïveté, je ne pus retenir mes larmes.

Que te dirai-je encore? Jamais je n'ai vu tant de figures agréables et pleines d'expression, surtout chez les enfants. Les femmes ont les yeux d'un noir jais, qui scintillent comme les étoiles et semblent illuminer tout leur visage. Souvent, en voyant leur teint si animé, j'ai pensé que le feu de leurs yeux colorait leurs joues. La nature a partout un air de fête que je n'ai vu qu'ici. Chaque cep de vigne étend ses branches qu'il marie au cep voisin; ces belles vignes rappellent par leurs dispositions harmonieuses les danses que mènent les Grâces dans la mythologie. J'ai été frappé des belles lignes d'architecture qu'offrent non-seulement les palais, mais les plus simples maisons de paysans. Jamais votre œil n'est choqué par l'irrégularité des formes; toutes les croisées sont à des distances convenables, et plaisent à l'œil par la régularité et les proportions qu'elles gardent toujours entre elles. Si j'avais le temps, mais mon papier m'avertit de finir, je te parlerais des îles Borromées, de ces îles charmantes, plus belles encore par la noble existence de leur possesseur.

Le comte Borromée, ce grand comte que j'ai surnommé *le comte-roi*, est un des plus véritables grands seigneurs que je connaisse en Europe. Au milieu de l'Isola-Bella se trouve son beau palais, dans lequel il loge, avec une magnificence toute royale, les princes, fils de rois et rois qui viennent visiter ces îles enchantées. Vingt-quatre rameurs à sa livrée vont les chercher sur les bords du lac, et le comte n'est pas moins charitable envers les pauvres que magnifique envers les grands seigneurs. Jadis il avait des troupes à sa solde, et entretenait garnison à

Arona, lieu de naissance de saint Charles. Il y a fait bâtir une belle église, sous l'invocation du grand saint dont il porte le nom. Qu'ils sont beaux les souvenirs de la maison Borromée! ils planent ici au-dessus de tout! Je prétends que les Borromée sont grands dans le ciel, sur la terre et sur l'eau.

LETTRE IX

Milan, 6 novembre 1833.

Tu sais mon goût, que dis-je, mon amour pour les églises gothiques; cet amour, il ne serait pas difficile de le justifier, s'il en était besoin. Une cathédrale gothique est véritablement la *maison universelle*, le centre et l'expression de toute la civilisation d'une nation. C'est une véritable école pour tous les hommes, à quelque condition qu'ils appartiennent : le chrétien, le citoyen, l'artiste y retrouvent les plus beaux souvenirs de la religion, de la patrie et des arts.

Là les pères ont prié pour leurs enfants, et les enfants pour leurs pères; là sont nés, instruits, unis, réconciliés, consolés, et enfin préparés pour leur passage dans l'éternité, tous les fidèles de la communion catholique. Là l'innocence, le repentir, les regrets, l'espérance, la joie et la douleur, tous les sentiments qui remplissent le cœur de l'homme trouvent à s'épancher, se purifient, s'élèvent, montent vers le Dieu père des humains; là nous sommes dans la vérité, car notre vie n'est qu'un douloureux pèlerinage. Nous sommes bien faibles, bien petits devant Celui qui *seul est*, et cependant bien grands par notre origine et notre fin : l'église nous rappelle tout cela, elle est l'expression de tout cela.

Le demi-jour qui éclaire les fidèles et qui, dans l'ordre gothique, passe à travers les vitraux tout couverts de saints et de représentations de la vie de l'Homme-Dieu, comme pour faire entendre que ce n'est que par l'intermédiaire de Jésus-Christ et de ses saints que nous recevons la lumière mystérieuse qui nous éclaire ici-bas; la hauteur de ces voûtes qui montent et s'élancent vers le ciel; ces nefs immenses et hospitalières qui accueillent tous les hommes, même ceux qui ne croient pas ; ces chants, ces gémissements de l'âme qui retracent les souvenirs du passé, les glorieuses espérances de l'avenir, et enfin les douleurs du présent, tous ces apanages des églises chrétiennes, si je puis m'expliquer ainsi, ne sont-ils pas la véritable expression de l'humanité dans ce qu'elle a de meilleur et de plus élevé ?

Qu'elle est belle cette cathédrale de Milan ! Imagine-toi une montagne de marbre blanc, sculptée, ciselée, découpée à jour, d'un symbolisme sublime ! Qu elles sont charmantes, ces petites flèches vives, élancées, ces tiges légères qui portent à leur sommet les statues des anges et des saints ! Cent vingt aiguilles ou flèches en marbre sont surmontées par des statues d'anges, de saints et de guerriers.

La sainte Vierge, statue colossale en bronze doré, domine et couronne la pointe la plus élevée du dôme. Là elle paraît réellement, comme dans les cieux, Reine des anges et des saints, Reine de tous les fidèles adorateurs de son divin Fils. Autour d'elle, sur la partie antérieure la plus élevée du dôme, des chérubins et des séraphins font retentir les airs de leurs joyeux concerts ; un peu plus bas, sur les aiguilles moins élevées, une couronne d'anges ; puis, sur les aiguilles immédiatement inférieures, les statues des saints ; enfin les guerriers, qui sont les avoués et les défenseurs extérieurs de l'Eglise, entourent la plate-forme. N'est-ce pas là une vive image de l'Eglise catholique ? Mais ceci n'est qu'un léger aperçu de ce merveilleux édifice.

Autour de chaque aiguille, entourées et surmontées d'ornements gothiques très-élégants, sont sculptées des statues de saints, plusieurs avec beaucoup de soin et de goût. Si toutes étaient achevées, il y en aurait, dit-on, près de cinq mille. Tous les arcs-boutants qui unissent ces aiguilles entre elles et avec l'église, toutes les plates-formes sont sculptées en arabesques gracieuses. Que l'on dise, après cela, que l'église de Cologne est d'un gothique beaucoup plus pur, j'en conviendrai sans peine ; mais la hauteur de la cathédrale de Milan, sa largeur (elle a cinq nefs très-vastes), l'immense travail qu'elle suppose, le sens symbolique de ce travail, enfin l'imposante masse de l'ensemble et la délicatesse des détails, feront toujours de cette église une des merveilles de l'Europe.

LETTRE X

Milan, 8 novembre 1838.

Ma pensée me reporte sans cesse au milieu de vous, mes chers enfants; jamais on ne sent mieux combien la vie de famille nous est chère que lorsqu'on se trouve seul, éloigné de tous les siens. Cependant je ne puis me plaindre : j'ai trouvé ici l'accueil le plus bienveillant. Je suis toujours comblé de bontés par toute la charmante famille du marquis Litta. J'ai vu Manzoni, l'auteur des *Fiancés*. Quel homme attachant, d'une angélique vertu, plein d'indulgence pour les autres!

Il serait bien long, chère Louisa, de te parler en détail de tout ce que j'ai vu ici. Selon ma coutume, je te citerai seulement ce qui m'a frappé davantage.

Au musée Brera, un délicieux tableau du Guerchin, représentant Abraham au moment où il renvoie Agar. Agar est charmante, et sa physionomie exprime bien la douleur et les vifs regrets. Abraham, armé d'une feinte sévérité, a l'air de commander; mais il obéit à Sara, qui, derrière lui, le dos à demi tourné, attend qu'Agar et son époux lui-même obéissent à ses injonctions. Voilà ce que le peintre a parfaitement fait sentir.

Parmi une foule de beaux tableaux, j'ai remarqué un saint Jérôme à genoux devant la croix au milieu du désert, parfait de dessin, de couleur et d'expression. Quelle poésie que la peinture quand elle atteint à une pareille hauteur! Je ne m'étonne pas de la foi qui règne en Italie; elle entre ici par les yeux, elle pénètre dans l'âme et par tous les sens. En veux-tu des preuves?

Dans l'église des Dominicains se trouvent de belles fresques de Gaudentio Ferrari, représentant la flagellation et le crucifiement. Des anges portent les instruments de la passion : les verges, le roseau, la lance. L'expression de ces anges est sublime. Navrés de douleur, ils regardent le Ciel et semblent dire à Dieu : « Quoi! Seigneur, c'est votre Fils bien-aimé que vous livrez à de tels supplices! »

L'étonnement mêlé au respect, l'adoration la plus profonde, sont exprimés sur ces figures avec une telle puissance que les larmes m'en venaient aux yeux.

Mais puis-je oublier les fresques plus belles encore de Daniel Crespi, à la chartreuse de Garignano ? Sur les murs et à la voûte de l'église, le peintre a retracé les souvenirs de la vie de saint Bruno. Comme ces têtes de chartreux sont belles, graves, recueillies ! La figure de Notre-Seigneur et toute sa pose sont d'une beauté, je dirais même d'une divinité que l'on ne peut se lasser de contempler. Ce qui m'a frappé surtout, c'est la résurrection du docteur qui se soulève du tombeau et s'écrie : *Je suis condamné par un juste jugement de Dieu !* Quel sublime et terrible sermon que ce tableau ! On frémit, on est tenté de s'écrier : *C'est une chose horrible de tomber entre les mains du Dieu vivant !* Voyez cette douleur inconnue à la terre, ce ver rongeur qui ne meurt point, ce feu qui consume sans détruire, cette mort si vivante ou plutôt cette vie si pleine de mort !... Ecoutez ce long cri de désespoir que le grand peintre vous fait pour ainsi dire entendre.... C'est à en rêver !

Byron lui-même, qui, plus qu'aucun mortel, semble avoir compris les douleurs de l'enfer, frémissait d'horreur et d'effroi à cette apparition ! Comment, me disais-je tout ému encore de ce que je venais de voir, comment un homme peut-il connaître à ce point les douleurs de l'autre vie ? Comment pouvons-nous juger la vérité de ses peintures ? Il n'est pas d'homme de goût qui ne se dise : Cela est admirablement senti !... Où donc est ce modèle que nul n'a vu et auquel tous comparent la copie pour la déclarer ressemblante ? Enigme inexplicable, à moins qu'on ne reconnaisse que la religion nous a ouvert l'autre monde et nous y fait entrer par la pensée et le sentiment. Notre âme, enrichie par de sublimes communications, se sent pénétrée d'une puissance, d'une intelligence, d'un amour tout nouveau ; elle croit, elle aime, elle espère, elle rayonne dans l'immensité !... Hélas ! la pauvre raison tremble et vacille comme une faible lumière agitée par les vents, partout où la foi ne la nourrit pas de ses vives et triomphantes clartés !

Les restes endommagés et presque détruits de la *Cène*, de Léonard de Vinci, au ci-devant réfectoire des Dominicains, m'ont frappé d'une telle admiration que je ne pouvais regarder qu'avec une quasi-indifférence une très-belle copie de ce chef-d'œuvre à la bibliothèque ambroisienne.

Bonsoir, ma Louisa ; je gèle. Je voudrais bien connaître le fripon qui, le premier, a imaginé de nous persuader qu'il faisait toujours beau en Italie. A Paris, du moins, je n'ai froid que dans les rues : ici je gèle et dans les rues et dans ma chambre ; les maisons sont si grandes, les appartements sont si vastes, les cheminées si mal disposées.... peut-être aussi suis-je mal disposé moi-même.

LETTRE XI

Milan, 9 novembre 1833.

C'est à toi, chère sœur, que j'adresse ces notes recueillies à la suite de conversations avec Manzoni. Nous avons si souvent lu et admiré ensemble les beaux ouvrages de cet excellent homme, que je ne doute pas de l'intérêt que tu mettras à me lire. Mais je t'en préviens, ce ne sont point des conversations suivies que je te retrace ; ce sont quelques mots saillants, quelques idées exquises qui m'ont frappé. Libre à toi d'en former un bouquet, une couronne de perles.

Je disais à Manzoni que j'avais été touché de la piété des Italiens, surtout parmi les gens du peuple. Il me dit que les paysans l'avaient souvent étonné par les idées élevées qu'ils ont de la religion et même par une véritable spiritualité. Et, à ce propos, il me conta cette anecdote. « Je me rappelle, me dit-il, un temps de sécheresse qui inquiétait beaucoup les pauvres paysans; on désirait ardemment la pluie, enfin elle arriva au moment le plus opportun. Un paysan regardait sérieusement le ciel qui versait la fécondité sur les campagnes. « Vous n'avez pas l'air content, lui dis-je. — Je vous demande pardon, monsieur, me répondit-il; mais je pensais, en voyant cette pluie si heureuse, que nous ne l'avions pas méritée. »

Il y a un proverbe très-répandu chez le peuple milanais : *Les pauvres se sauvent par la patience, et les riches par la charité.*

« Le confessionnal, me dit Manzoni, est le gouvernement même, et cela entendu dans le sens le plus pur, sans que le prêtre se mêle le moins du monde de la politique, par la seule influence de la religion sur les actions humaines. »

A propos de notre magnifique foi catholique, Manzoni me dit : « La partie obscure d'un flambeau nourrit sa lumière ; ainsi c'est le côté mystérieux, la partie obscure des vérités révélées, qui nourrit notre foi (1). »

Je n'ai trouvé chez personne des idées aussi profondes, aussi délicates, aussi mesurées sur la liberté, que chez Manzoni. Il pense qu'elle doit mûrir dans l'intelligence et le cœur, et qu'alors elle est le fruit de l'amélioration sociale, et s'obtient plus véritablement ainsi que par la violence et le combat ; idée éminemment chrétienne, qui fait de la liberté, comme de la vertu, un véritable don du Ciel, mérité par le travail intellectuel et moral. « La liberté, me dit-il encore, est fille de la religion ; sans la mère nous ne pouvons avoir la fille. »

Il m'a développé sur cela une théorie aussi délicate que profonde, et surtout éminemment catholique. Il me dit encore que la liberté faisait des progrès par le seul progrès des vraies lumières, et que chaque nouveau règne, même dans une monarchie absolue, était un pas en avant vers la liberté ; « car, ajouta-t-il, le nouveau souverain n'a pas les mêmes routines que l'ancien ; il est obligé de se conformer, dans son administration, au progrès de l'opinion qui rend certains abus impossibles à maintenir. Le despotisme protége aussi à sa manière les progrès de la liberté ; car chez les peuples chrétiens, ne pouvant abattre toutes les têtes qui dépassent les autres, il cherche, pour tout niveler, à élever les inférieurs au niveau des grands qui lui font ombrage. »

Enfin, selon lui, un peuple aurait en général le degré de liberté dont il est digne ; car, « si un peuple ne porte pas en lui l'esprit de liberté qui n'est dû qu'à l'esprit religieux, il ne fera souvent que remplacer le despotisme de l'un par le despotisme de l'autre ; mais le despotisme est impossible à établir ou à conserver chez un peuple profondément catholique. »

Je lui parlais des gouvernements constitutionnels tels que nos modernes faiseurs les entendent. « Le bon sens du peuple en ferait bonne justice, me dit-il ; il suffirait de leur en expliquer le mécanisme : ainsi un des premiers principes des gouvernements constitutionnels

(1) Les mystères ne sont obscurs pour nous qu'à cause de leurs trop vives clartés ; nos faibles yeux n'en peuvent supporter l'éclat.

est que le roi ne peut mal faire; un homme incapable de faire le mal, cela étonnerait beaucoup un paysan. Mais, lui dirait-on, ce n'est qu'une fiction. — Comment! une fiction? Ce qui n'est pas, pour base de ce qui doit être? »

Manzoni appliquait à la liberté de la presse et à la censure le mot d'un nègre esclave vendu à un nouveau maître. On lui demandait lequel de ces deux maîtres était le pire.

« Tous les deux *sont pires*, » répondit-il. Ainsi de la liberté de la presse et de la censure.

Manzoni a raison ; la liberté de la presse, illimitée, sans frein, sans borne aucune, ouvre la porte à toutes les erreurs. La société politique ravagée par cette folle liberté ressemble à un vaste marché au milieu duquel les charlatans et les polissons crient à tue-tête et étourdissent tout le monde. Cette foule de pensées absurdes ou coupables qui montent du cœur de l'homme, la liberté de la presse les invite à se produire au dehors ; elle multiplie la folie de chacun par la folie de tous, et, pour parler le langage de Bossuet: *Il n'y a point de particulier qu'elle n'autorise à adorer ses inventions, à consacrer ses erreurs, à appeler Dieu tout ce qu'il pense.* D'autre part, la censure remise aux mains du seul pouvoir politique peut lui servir à confisquer l'intelligence humaine au profit du despotisme.

« Quittez-moi votre serpe, instrument de dommage. »

Je dis à Manzoni que les Français étaient éminemment conquérants. « Ils savent fort bien se servir du marteau, me répondit-il; peut-être un jour les verrons-nous employer la truelle. »

Il a sur la théorie de la littérature et des arts les idées les plus ingénieuses et les plus profondes. Il me dit à propos des comparaisons : « Les esprits secs et étroits ne les regardent que comme un jeu de l'imagination ; ils disent que comparaison n'est pas raison. C'est tout le contraire : les comparaisons, lorsqu'elles sont justes, ne font qu'exprimer les analogies entre les êtres, quelque dissemblables qu'ils paraissent; elles sont la révélation et l'expression des grandes harmonies de l'univers ; et plus les comparaisons portent sur des objets éloignés les uns des autres, plus elles expriment des rapports élevés ; car ces rapports ont leur source dans une sphère d'autant plus haute qu'elle domine une plus vaste étendue. » Il me dit encore : « Il arrive souvent aux hommes de génie d'employer des expressions hardies qui, dans leur manière de voir, n'ont point de mauvais sens, mais qui scandalisent les faibles ; je crois qu'on doit se les défendre, et quelle que soit la faveur qu'obtiennent ces expressions, il vaut mieux arriver à la vérité par une suite d'heureuses déductions. »

Je ne sais s'il est un trait plus propre à montrer combien cet homme excellent met la vertu et la charité au-dessus des succès qui séduisent tant, même les hommes bien intentionnés. Je voudrais pouvoir retenir et fixer ici tout ce qu'il m'a dit d'intéressant, de fin et d'élevé; mais ce que je ne pourrais jamais exprimer, c'est la haute et aimable perfection de cet illustre catholique. Je lui parlais du jugement favorable que je portais des Italiens : « Ce que vous me dites est vrai, me dit-il, mais voilà ce que nous ne pouvons pas dire nous-mêmes. » Mot charmant, qui peint bien toute la modestie de cet homme aussi vénérable qu'attachant.

Je ne sais si je rends bien les idées et les expressions de Manzoni ; quoi qu'il en soit, si ces lignes lui tombent sous les yeux, il y trouvera mon désir sincère de rendre hommage à celui qui sait si bien rendre à la vérité tous les hommages qui lui sont dus. Je n'hésite point à le dire : non-seulement Manzoni est un des plus beaux génies poétiques de notre époque, il est encore un très-beau génie philosophique.

LETTRE XII

Pavie, 11 novembre 1833.

J'achève ma soirée avec toi, mon cher Amédée. Je ne te parlerai pas du pont du Tessin, ni de la vieille église de Saint-Michel que l'on croit bâtie par les ariens; mais il faut que je te dise un mot du collége Borromée, bâti et doté par saint Charles, pour l'entretien de quarante jeunes gens logés et nourris aux frais de sa maison. Dans la grande salle sont les portraits en pied de huit cardinaux de la maison Borromée ; sur les murs et aux voûtes de cette salle, de belles fresques représentent l'histoire de saint Charles. J'ai vu son tombeau à Milan, tout resplendissant d'or et de pierres précieuses; il a coûté, dit-on, quatre millions. La devise des Borromée, *Humilitas*, semble bien nécessaire pour rappeler l'humilité aux membres de cette grande famille. Et ceci n'est point une critique; charitables, pleins de simplicité, les petits-neveux du grand saint en sont toujours dignes.

J'ai vu aujourd'hui la chartreuse, près de Pavie, étonnante de richesses, de peintures, de sculptures exquises, de bas-reliefs en marbre. C'est ici que l'on peut juger de la protection que la religion donne aux arts; elle seule offre aux artistes des sujets aussi nobles et aussi touchants, nombreux comme les étoiles du ciel. Des religieux qui n'ont aucune dépense à faire pour eux-mêmes peuvent seuls consacrer aux travaux des artistes des sommes aussi considérables que celles prodiguées par les chartreux à l'érection et à l'embellissement de leur église. Enfin la perpétuité des ordres religieux possède seule l'unité de vue et le long temps nécessaire à une succession d'artistes pour composer, continuer et achever de pareils travaux. J'ai été étonné du nombre d'excellents peintres et d'excellents sculpteurs inconnus dont les noms ne sont révélés qu'aux amateurs des arts qui vont, sur les lieux, les admirer dans leurs œuvres.

Pavie, la ville aux cent tours, est aujourd'hui dans un grand état de dégradation; elle est, comme l'Italie elle-même, un grand seigneur ruiné, mais dont les domaines offrent partout encore des traces de l'ancienne magnificence du possesseur.

Demain, je vais à Gênes, d'où je t'enverrai ma lettre.

LETTRE XIII

Gênes, 18 novembre 1838.

Les voyages ont bien leurs tribulations, mon Amédée. Avoir froid en Italie, sous ce beau ciel si vanté, cela est piquant, je le sens bien. Pour mon compte, j'ai eu plus froid à Milan et en route qu'en Belgique; partout des cheminées détestables, de grandes chambres longues, larges et hautes à n'en pas finir, sans un papier!...

les quatre murs, et les peintures à fresques, presque toujours effacées, qui les couvrent, ne vous réchauffent pas du tout, je vous l'assure. Non, non, tout n'est pas plaisir en voyage.

Par exemple, il y a ici des domestiques pour toutes sortes de services, en nombre infini comme les sauterelles d'Egypte; c'est une véritable plaie : l'un fait les bottes, l'autre lave la voiture, celui-ci vous conduit en ville, celui-là vous ouvre les portes, que sais-je? en voici un qui vous a dit bonjour, un autre qui vous a souhaité le bonsoir, et tous ont droit à vos largesses? En résumé, si l'on veut voyager commodément en Italie, dans sa voiture, qu'on soit grisonnant et souffrant, il faut compter le faire en pluie d'or!

Mais voici une autre tribulation qui devient presque comique à force d'être absurde. Tu ne peux t'imaginer ce que c'est qu'un passeport en Italie? C'est un joyau, un bijou qui n'a pas de prix. A l'entrée de chaque ville : Votre passeport?... On vous le retient jusqu'au moment de votre départ. A la sortie de chaque ville : Votre passeport?... On le vise de nouveau. Au passage des ponts, en changeant de pays : Votre passeport?... Vous croyez en être quitte? point, ce n'est qu'un premier *visa*. Un peu plus loin, la douane : nouveau *visa*.

Calcule ensuite que chaque employé qui vous demande votre passeport vous demande aussi la pièce, probablement pour le plaisir qu'il vous procure en certifiant que vous êtes en possession de ce précieux bijou. Je voudrais que les ministres qui ont imaginé ces indignes vexations ne pussent se mettre au lit sans entendre retentir à leurs oreilles : Votre passeport? ne pussent se lever sans qu'on ne leur criât de rechef : Votre passeport?... J'avais besoin de soulager ma colère, qui, au reste, sera encore souvent excitée pendant mon voyage.

Enfin me voici à Gênes! Gênes la superbe! superbe par sa situation, superbe par ses palais, superbe par ses souvenirs! Je ne vois que palais, portiques, colonnades, et cependant la ville resserrée entre la montagne et le golfe n'a presque pas de largeur. Ne pouvant étendre leurs constructions sur le sol, les habitants les ont érigées en hauteur, et avec quelle grâce! quelle hardiesse! Élever des portiques, des colonnades; les superposer, les lier entre eux et entre elles par d'heureuses transitions; construire des voûtes, les arrêter, les trancher tout à coup.... puis, d'un trait hardi et sûr, les relancer dans les airs en de nouvelles directions :

tout cela n'est que jeu pour les gens de ce pays. Un potier ne dispose pas avec plus de liberté d'une molle argile. Il semble que les Italiens soient architectes comme ils sont musiciens, par instinct, tout naturellement. Ils ont la beauté des proportions dans l'œil, comme l'harmonie dans la voix.

Demain, je vais commencer à visiter les palais et les richesses qu'ils contiennent.

LETTRE XIV

Gênes, 17 novembre 1833.

Tu seras touchée, ma Louisa, des marques de piété que l'on trouve partout ici. On ne donne jamais de spectacle le vendredi, par respect pour la mémoire de Notre-Seigneur. Le dimanche, non-seulement les boutiques sont fermées, mais défense absolue de vendre quoi que ce soit pendant les offices. Ce qui est bien plus frappant encore, ce sont les nombreuses et magnifiques fondations faites ici par les plus grandes maisons du pays. Il y a à Gênes je ne sais combien d'églises bâties, ornées, enrichies par la piété des grands seigneurs. La famille Fieschi a fondé un hospice pour les pauvres; la famille Balbi a bâti et donné aux Jésuites un magnifique palais, aujourd'hui l'université.

On raconte que, n'ayant pas de paroisse près de chez lui, un noble seigneur de la maison Sauli allait tous les dimanches assister à la messe de la chapelle d'un seigneur de la maison Durazzo. Un dimanche, sa femme n'étant pas prête, il fit prier le marquis Durazzo de vouloir retarder de quelques instants la messe de son aumônier. Le marquis Durazzo lui répondit que celui qui voulait des choses commodes devait les établir chez lui. Devine la réponse du noble Sauli?... Il fit bâtir une église, aujourd'hui paroisse, plus grande, plus belle que la plupart des paroisses de nos grandes villes. Pour le service de cette église, il établit douze prêtres, et les dota de vingt-quatre mille livres de rente. Il la décora de tableaux de grands maîtres, de belles statues, entr'autres d'un saint Sébastien en marbre blanc, sculpté par Le Puget. La figure du saint est pleine de noblesse, de douleur et de résignation, le corps admirable : ce marbre respire. Michel-Ange s'enorgueillirait de cette œuvre s'il en était l'auteur. Mais ce n'est pas tout : bâtie sur un plateau, cette église était séparée de la ville par une profonde vallée : pour réunir ces deux collines, Sauli fit construire un pont de sept arches assez élevées pour dépasser de beaucoup en hauteur les maisons à sept étages dans la vallée. J'ai passé sur ce pont; cette église je l'ai vue. Que dis-tu de la magnificence des anciens seigneurs gênois?

Honneur au peuple italien, ma bonne Louisa, honneur au peuple chez lequel tant de chefs-d'œuvre des arts sont de glorieux souvenirs de la religion et de la patrie ! Mais, me dira-t-on, on trouve partout des traces de dégradation, un air de ruines ! Oui, sans doute, la guerre, la domination étrangère, tant d'autres causes qui ont toujours pesé sur la malheureuse Italie, ont détruit la fortune d'un grand nombre de ces familles qui consacraient des sommes immenses à la protection des arts; du moins elles se sont ruinées noblement. Ici les riches dépensaient utilement, pour l'honneur de leur pays, leurs grandes fortunes; ils ont laissé partout après eux des traces lumineuses de leur passage sur la terre.

Avouons-le donc, si partout on trouve des traces de dégradations et des ruines qui attristent les regards, partout aussi on trouve des sujets d'intérêt, disons même d'admiration et de reconnaissance. La nature est ici d'une beauté incomparable, et les arts ont semé de merveilles cette terre déjà merveilleuse par elle-même. Aux magnificences de la nature, aux chefs-d'œuvre des arts qu'elle a produits en si grand nombre, supposez que l'Italie unisse et la dignité de l'indépendance et la parfaite conservation de ses monuments, elle ne sera pas seulement ce qu'elle est, le plus beau pays du monde, elle sera un véritable paradis terrestre !

A Milan, j'ai quitté les Litta avec un vif regret : nos goûts, nos principes, tout était sympathie entre nous. Et à ce propos, il faut que je te cite un mot de l'excellent marquis ; il a trait à ce que je viens de te raconter de la *charité génoise*. Je déplorais devant lui la décadence de ces grandes maisons qui ont laissé de si beaux souvenirs. « Le bien, me répondit-il, se fera aujourd'hui par l'esprit d'association, qui est essentiellement catholique. » Mais cet esprit d'association, la religion l'a toujours inspiré, et ici même, il en existe de belles preuves, entre autres le superbe hospice appelé *Albergo di poveri*, destiné à l'entretien de deux mille pauvres, vieillards ou enfants.

Sur les escaliers et dans la grande salle, quarante-quatre statues représentent les fondateurs et les bienfaiteurs de cet hospice; la plupart appartiennent à des familles de doge; au-dessus de chaque statue, un texte de l'Ecriture sainte rappelle la miséricorde que nous devons faire aux autres et implorer pour nous-mêmes.

Encore une anecdote, et je ferme ma lettre.

Le marquis Durazzo, un des aïeux de celui qui existe aujourd'hui, avait bâti un palais aussi grand que magnifique; il en possédait sept à Gênes. Ses héritiers ayant beaucoup perdu de leur immense fortune, le possesseur actuel vendit le plus vaste au roi de Sardaigne; il le lui a cédé pour deux millions et une terre de soixante mille livres de rente en Piémont. Ce palais renferme grand nombre de beaux tableaux et entre autres le chef-d'œuvre de Paul Véronèse, que je n'ai pu voir, le roi ne permettant pas l'entrée de ses appartements pendant son séjour à Gênes. Lis ces détails à Amédée : ils me semblent curieux comme les contes des *Mille et une nuits*; mais ce ne sont pas des contes, c'est de l'histoire.

Le temps effroyable des jours derniers continue; on ne peut pas dire il pleut, mais *il déluge*; les Italiens rendent fort bien par *diluvia* notre locution française : il pleut à verse.

LETTRE XV

Gênes, 23 novembre 1838.

Les froides nomenclatures ont peu d'attraits pour moi, mon Alfred, pas plus que les détails circonstanciés de gens qui ont tout vu, disent-ils, mais qui en réalité n'ont rien vu, parce qu'ils n'ont rien éprouvé *in mente cordis sui*; car voir, dans le sens complet de ce mot, c'est comprendre, et comprendre c'est aimer, et réciproquement. Je ferais tout un traité de philosophie sur ce texte.

VUE DE GÊNES

Donc ce qui m'intéresse, c'est la physionomie d'un peuple ; c'est son caractère réfléchi dans ses mœurs, dans ses habitudes journalières, dans tous ses arts ; c'est son histoire, commentée, expliquée, vivifiée par mille petites observations que dédaigne le touriste, disons mieux, que souvent il est incapable de faire. Je parlais à ta sœur des belles fondations faites par de simples particuliers ; à toi, je vais dire un mot des physionomies italiennes.

Tu sais un de mes axiomes favoris : La physionomie est l'âme visible. Or plus j'observe ce peuple, plus je le crois bon, religieux, grave beaucoup plus qu'on ne le pense, spirituel et patient. Combien de figures à la fois vives et calmes, animées et cependant recueillies, et cela chez les gens de la campagne ! Je n'ai jamais vu tant de belles coupes de visage, de si beaux yeux et des regards si fins et si doux que chez ces pauvres petites de l'*Albergo di poveri*. On sent ici que les peintres et les sculpteurs n'ont pas seulement copié l'antique, mais qu'ils ont trouvé sous leurs yeux de beaux modèles vivants. Puissance de conception, vivacité d'imagination, réunies à cette gravité, à ce recueillement que la religion donne à ceux qui la pratiquent avec amour : voilà ce que je remarque sans cesse.

Les palais Doria, Spinola, Durazzo, Balbi sont admirablement beaux. Comme toutes ces colonnades, comme tous ces portiques en marbre sont hardis, légers, majestueux ! Et dans l'intérieur, partout de belles galeries ; grand nombre de portraits en pieds des anciens doges. Belles figures ! elles ont un air de noblesse qui rappelle bien l'existence souveraine de ce qu'elles représentent. J'aime ces beaux arts qui savent si bien faire revivre les héros, célébrer leurs actions, et surtout exprimer les sentiments d'adoration dus à Dieu, et tous les mouvements de l'âme pénétrée par de profondes émotions.

Mais écoute ceci, et dis-moi si j'ai trouvé la solution de mon problème. Je commence par cette déclaration formelle : je n'admire point, ou bien peu du moins, l'architecture des églises en Italie ; je ne la compare nullement à l'incomparable architecture gothique ; mais ceci bien établi, voici ce que je me demande : Les églises en Italie n'ont point du tout le caractère mystérieux et même un peu sombre des églises gothiques ; elles sont brillantes de lumière, resplendissantes de richesses ; elles ont un air de fête qu'elles n'ont point ailleurs. Pourquoi cette différence entre les églises d'Italie et celles du reste de l'Europe ? Le voici, je pense.

Rome est le centre lumineux et triomphant du catholicisme. C'est sur elle que le ciel projette d'abord sa lumière, c'est d'elle qu'elle se répand pour éclairer l'univers. Le catholicisme à Rome se pare d'habits de ête, comme en un jour de triomphe; ses églises, et j'ajoute celles de l'Italie qui forment le premier orbite de Rome, se ressentent de cette impression lumineuse. Rome est par rapport à la chrétienté ce que le chœur est à la nef; c'est dans le chœur surtout que brille la lumière, c'est du chœur que partent les chants. Les autres églises du monde tournent vers Rome leurs regards et leurs vœux; de tous les points de la circonférence, de toutes les provinces catholiques on invoque Rome; on attend d'elle, comme de l'interprète du ciel, la réponse à ces innombrables questions que les misères humaines adréssent sans cesse à la miséricorde divine. Or il est facile de comprendre que les dispositions intérieures et extérieures des édifices se ressentent de la prédominance de telle ou telle disposition de l'âme.

Je n'ignore point d'ailleurs toutes les autres causes que l'on peut assigner. L'Italie étant le siége de l'ancien empire romain, les temples du paganisme ont exercé une grande influence sur le genre d'architecture des églises. Je ne nie point cela; mais ne peut-il pas exister encore des causes plus profondes, plus puissantes par là même? Ce sont en effet les sources cachées à une grande profondeur, d'où sortent les plus grands fleuves; celles à la surface de la terre ne donnent naissance qu'à de petits ruisseaux. Bien souvent les causes les plus apparentes ne sont pas celles qui ont le plus d'influence en réalité.

Quoi qu'il en soit, je te donne mes conjectures pour ce qu'elles valent, et je finis par cette réflexion dont je ne puis me défendre : Le catholicisme répond également à nos joies et à nos douleurs, et, en dépit de Boileau, il est très-susceptible *d'ornements égayés.* Tantôt les gémissements de notre âme montent de la terre vers le ciel, tantôt les cantiques de joie descendent du ciel pour réjouir la terre. Que d'abord notre misère implore la miséricorde divine, ou que la miséricorde prévienne les cris de notre misère, toujours la céleste harmonie est faite pour charmer nos douleurs.

LETTRE XVI

Chiavari, 26 novembre 1833.

Décidément, ma Louisa, la Méditerranée a mes amours; elle roucoule, elle fait la gorge de pigeon; elle est charmante, éblouissante, verdoyante, rougissante; j'en suis fâché pour la langue française, si je suis plus riche qu'elle. Je te disais donc que la Méditerranée avait toutes les couleurs de l'arc-en-ciel : tantôt elles se marient, se nuancent, se fondent l'une sur l'autre; tantôt elles éclatent, séparées en larges bandes; chacune dit à l'autre : A mon tour maintenant.

Quand je suis descendu des hauteurs de Protofino, et que je me suis trouvé en face du golfe de Rapallo, ma Louisa, je me suis écrié : *Te Deum laudamus!* J'étais ravi; Dieu est un grand peintre! Je venais d'admirer avec délices de magnifiques Titien; mais, je te l'assure, ils n'ont pas la magie de couleurs dont la Méditerranée enchantait mes regards. Et ces montagnes, ondulantes comme les vagues de la mer, se dessinant en courbes, formant entre elles des espèces de golfes, comme par émulation avec les véritables golfes! tu ne t'imagines pas combien elles sont jolies, *vert gris de lin;* je ne trouve pas d'autres expressions pour rendre leur couleur vive et légère.

Je suis parti ce matin de Gênes par un temps affreux; un voile de pluie très-fine mais serrée m'interceptait tout l'horizon; et lorsque je suis arrivé à Rapallo, tout à coup, au moment le plus favorable, le voile s'est levé, et il n'est retombé qu'après m'avoir donné le temps de m'enchanter. J'avais bien raison de dire : *Tè Deum laudamus!*

Avant de finir, je veux te dire l'agréable rencontre que j'ai faite : j'ai eu hier, presque toute la journée, devant ma calèche, deux jolies voitures anglaises à quatre chevaux, un courrier en avant. Nous ne nous étions pas parlé chemin faisant; mais, à son arrivée à l'hôtel, le chef de cette élégante caravane m'envoya demander par son courrier si je voulais bien accepter de dîner avec lui. Je suis descendu chez lui; j'ai trouvé une jeune femme fort douce, et un jeune homme aussi bien de figure que de manières et de conversation. C'est un membre du parlement, un riche baronnet qui fait comme moi le voyage d'Italie.

LETTRE XVII

Massa, 28 novembre 1833.

Enfin, mon Alfred, je suis parti de Gênes, où j'avais été retenu plus longtemps que je ne pensais par ma mauvaise santé. J'ai eu deux jours de pluie effroyable; j'avais besoin, pour me rassurer, de me rappeler que Dieu a promis de ne point nous envoyer de second déluge. Ce n'était pas de la pluie, c'étaient des montagnes d'eau qui s'effondraient sur la terre. *Les eaux supérieures*, comme parle l'Ecriture, semblaient vouloir rejoindre *les eaux inférieures*. Je regardais sans cesse quelle serait la fin de cette épouvantable inondation; mais je ne voyais ni corbeau ni rameau d'olivier. Enfin le soleil a reparu.

Te peindre l'effet des paysages qui se sont successivement déroulés sous mes yeux, dépasse de beaucoup mon talent. Les montagnes ont ici des formes et des couleurs qui ne ressemblent à rien de ce que j'ai vu : elles sont couvertes d'oliviers qui montent de terrasse en terrasse jusqu'aux cimes les plus élevées; sur leur pâle verdure sont éparpillées, comme des troupeaux de moutons, de jolies maisons blanches, au milieu desquelles se détachent les flèches brillantes des églises, bergers immobiles de ces immobiles troupeaux.

C'est une chose étonnante ici que la mélodie des couleurs qui charment nos regards. En arrivant à Chiavari, je passai près d'un champ où les guirlandes des vignes se mariaient avec une grâce indicible au vert pur des orangers. Les orangers, parfaitement murs, ressemblaient aux pommes des Hespérides. Aussi, je ne puis m'empêcher de le remarquer à chaque instant, cette nature si poétique a une véritable influence sur les habitants de ce pays.

Dans nos froides contrées, les hommes des classes supérieures ne me paraissent souvent que des paysans plus civilisés, plus riches, mieux vêtus; mais ici les paysans sont des poëtes, ils chantent leurs idées en disposant leurs terres de la manière la plus pittoresque. Tantôt ce sont des vignes qui se marient les unes aux autres, et ont l'air de former des chœurs comme les Grâces et les Nymphes; tantôt ce sont des arbres tels que les mûriers, taillés en forme de vases, que les vignes entrelacent de leurs guirlandes. Quelquefois vous vous promenez sous des allées d'orangers disposées en quinconce; d'autres fois les vignes sont des berceaux octogones, de forme ovale.

Ce qui n'est pas aussi poétique, ce qui vous rappelle tristement à la réalité, c'est l'avidité de tous les gens auxquels vous avez affaire. J'avoue que la patience est souvent prête à m'échapper; je voudrais donner en gros quelques cents francs de plus que ne me coûtera ce voyage, mais ne pas être tourmenté en détail comme je le suis. Ah! les Italiens vous font bien payer le plaisir que vous procure leur pays; ils ont inventé toutes les manières possibles de vous soutirer de l'argent.

A Carrare, j'ai été voir les carrières du beau marbre blanc, le plus renommé de l'Europe. J'en rapporte avec moi un fragment. Figure-toi un morceau du plus beau sucre blanc pétrifié, voilà exactement le marbre de Carrare. J'ai bu là d'excellents vins du cru, doux, sucrés, très-agréables au goût. Demain, j'arriverai à Pise; je m'y arrêterai quelques jours; j'y trouverai une personne à laquelle je suis recommandé; puis à Florence, qui me ravira, je le sais d'avance.

Je suis doué d'une heureuse nature : je ne chicane point avec mon plaisir. Le mal, l'ennui, c'est la part de notre triste humanité; mais le bien, le beau ne perdent pas de leurs attraits à mes yeux pour être mêlés à quelques inconvénients.

LETTRE XVIII

Pise, 29 novembre 1833.

Comme ces reines que la baguette des fées frappait d'un sommeil centenaire, ou plutôt comme ces villes coupables sur lesquelles les prophètes lançaient l'anathème, Pise aussi semble frappée de la terrible malédiction de Dante :

Ahi Pisa, vituperio delle genti (1).

La mer, qui jadis baignait ses murs, s'est retirée. Ses rues sont mornes et silencieuses. Même ses plus beaux monuments inspirent une profonde tristesse. Tous sont à l'extrémité de la ville et comme relégués dans une entière solitude; on dirait de grandes ruines bien conservées, seuls restes d'une cité effacée de la terre. Ces quatre monuments sont le Baptistère, la Cathédrale ou le Dôme, le Campo-Santo et la tour penchée ou Campanille. Je suis retourné plusieurs fois dans chacun de ces édifices. Le Campo-Santo pourrait fournir à des études pendant plusieurs semaines et même plusieurs mois. C'est là pour ainsi dire qu'on voit la renaissance de l'art. Les peintures à fresque sur les murs du beau cloître, qui renferme la *terre sainte* rapportée de Jérusalem par les Pisans, sont du quatorzième et du quinzième siècle. Bien que dégradées, on ne peut s'empêcher d'admirer la vérité et la noblesse d'expression, la vivacité des couleurs et l'originalité d'invention de ces tableaux à fresque du Giotto, de Gozzoli, d'Orgagna. De beaux bas-reliefs de Nicolas et de Jean de Pise, surtout au Baptistère et à la Cathédrale, attestent la splendeur, l'ancienneté et presque la perpétuité de l'art en Italie.

La belle cathédrale a aussi bien de l'intérêt. Sa façade est originale et d'un effet gracieux. J'ai admiré la richesse et le bon goût des détails de l'intérieur. Là j'ai vu de beaux tableaux

(1) Pise, opprobre des nations.

PISE — DÔME ET BAPTISTÈRE

TOUR PENCHÉE DE PISE

d'André del Sarto, entre autres sa sainte Agnès, presque digne de Raphaël, et les ouvrages admirables de peintres dont nous ne connaissons pas même les noms en France et en Belgique, de Sogliani, de Luti, de Sorri, de Rosselli, de Riminaldi, de Ventura Salimbeni. Une chose me frappe toujours en Italie, c'est la noblesse d'expression, la dignité et la piété empreintes sur toutes les figures de vierges, d'anges et de saints. Il n'y a pas de peintre, si inconnu qu'il soit, qui ne rende mille fois mieux que ne pourraient le faire tous nos peintres modernes, la pureté, la suavité, la maternité divine de la Vierge, la foi et le sentiment de profonde admiration des saints dont ils retracent la vie. Il y a des milliers de tableaux remarquables sous ce rapport, et souvent d'une belle couleur; mais ils sont mal placés, au fond de chapelles obscures, et quelquefois ils ont *poussé au noir*.

En général, le paysage ne se trouve que comme accessoire dans les tableaux religieux; il est traité d'une manière *grandiose* et tout à fait remarquable. Tels sont le paysage de Saint-Jérôme du Titien, à Milan, et celui de Sogliani, représentant Abel gardant ses troupeaux, exposé dans la cathédrale de Pise. Rubens n'a pas fait mieux; je n'ose pas dire qu'il n'a pas fait si bien. Et quelles délicieuses arabesques en marbre d'après les desseins de Michel-Ange, et surtout quelle admirable tête de ce grand artiste! C'est son propre portrait sculpté par lui-même au Campo-Santo! Ah! quel homme que Michel-Ange! Le peu que j'ai vu de ses ouvrages m'a frappé d'étonnement et d'admiration. On sent qu'il est aux arts ce que fut Charlemagne au gouvernement; c'est un génie dominateur qui ne souffre point d'égal. Je suis monté deux fois sur la tour penchée; la seconde fois pendant qu'on sonnait les cloches. Cette tour est, à tout prendre, plus extraordinaire que belle; elle n'a pas le caractère grandiose de nos flèches gothiques. Il y a cependant ici une petite église dans ce style, Santa-Maria della Spina, sur les bords de l'Arno; c'est un petit chef-d'œuvre.

Le quai de l'Arno est beau, et Pise est bien bâtie; les rues sont même plus larges que celles des villes d'Italie que j'ai vues jusqu'à présent. Les palais sont moins beaux, moins nombreux qu'à Gênes, partout cependant d'une belle architecture.

J'ai vu la porte *de la tour de la Faim*, où le comte Ugolin et ses quatre fils furent enfermés et périrent de faim : terrible vengeance, si subitement racontée et maudite par le Dante!

Il y a ici, sur le quai, un fort bel hôtel en marbre, remarquable surtout par une chaîne de fer qui pend au-dessus de la porte; ce palais se nomme le palais de *Lanfreduchi* : c'est le nom d'une des plus anciennes familles de Pise. On raconte qu'un membre de cette famille, ayant fait prisonnier un Turc de distinction, lui accorda sa liberté au bout d'un certain nombre d'années. Quelque temps après, Lanfreduchi fut lui-même fait prisonnier par les Ottomans et mis aux fers. Un jour, celui auquel il avait jadis rendu la liberté, l'ayant reconnu, lui fit obtenir sa délivrance. Rentré dans ses foyers, Lanfreduchi fit attacher au-dessus de la porte de son palais la chaîne qui l'avait retenu captif, avec cette inscription : *Alla giornota;* c'est ce que l'on voit encore aujourd'hui.

Demande à Louisa d'autres détails sur Pise à ton arrivée à Bruxelles. Elle pourra te lire une lettre qui contient ce que je n'ai pas voulu répéter dans celle-ci. Demain, je pars pour Lucques, et de là pour Florence, ou je séjournerai au moins quinze jours. J'espère y trouver de vos lettres à tous.

LETTRE XIX

Pise, 1er décembre 1833.

Ce qui m'a le plus intéressé à Pise, ma Louisa, c'est le Campo-Santo, qui se trouve derrière la cathédrale. En 1228, cinquante galères de la république furent chargées de terre enlevée à Jérusalem, aux lieux consacrés par les mystères douloureux de la passion de Notre-Seigneur. Les Pisans déposèrent cette terre près de la cathédrale, et firent bâtir autour d'elle un cloître en colonnettes gothiques, les plus élégantes du monde; puis ils couvrirent les murs de ce cloître de peintures à fresque qui représentent des sujets tirés des saintes Écritures. Les grands hommes qui ont successivement illustré leur patrie eurent seuls le privilége d'être enterrés dans ce cloître. Ainsi tu vois que ce cimetière, unique dans le monde, est un monument consacré tout à la fois aux souvenirs de la religion, de la patrie, et aux chefs-d'œuvre des arts.

Pise est dans une heureuse situation, sur les bords de l'Arno, entourée à plusieurs lieues d'un demi-cercle des monts Apennins. L'air y est d'une douceur extrême, léger et frais, et je conçois parfaitement que les poitrinaires s'en trouvent à merveille.

J'ai été voir à une lieue d'ici un établissement fort curieux du duc de Toscane. C'est une vaste ferme nommée *San Rossore*, au centre d'une forêt et de pâturages qui ont huit lieues de tour. Là deux mille vaches, quinze cents chevaux, cent quatre-vingts chameaux, une multitude de daims, de chevreuils, de sangliers, vivent en pleine liberté. Rien de si singulier que de trouver, en pénétrant dans la forêt, ici des chameaux qui broutent les feuilles des arbustes, là des troupeaux de daims et de chevreuils qui ne sont pas effarouchés de votre apparition au milieu d'eux. J'en ai vu quinze ou dix-huit paissant dans la forêt; ils se sont enfuis à notre approche. Nous les avons suivis et retrouvés à quelque distance; ils se sont retournés tranquillement et nous ont regardés pendant une ou deux minutes. J'étais enchanté de ces beaux animaux, de leur course légère et de leurs bonds capricieux. Il y a dans ce vaste établissement de grandes écuries pour les chameaux. J'en ai fait seller un, je l'ai monté; mais les secousses qui vous rejettent en avant ne sont pas du tout agréables. Imagine-toi que ces chameaux sont les descendants de ceux que les Pisans ramenèrent, il y a six cents ans, de la terre sainte, à l'époque des croisades; leurs preuves sont parfaitement en règle.

J'ai vu à Pise, entre autres curiosités, la belle église de Saint-Etienne ou des chevaliers de cet ordre. Elle est toute tapissée de drapeaux pris sur les Turcs par les chevaliers qui existent encore aujourd'hui.

Je n'ai jamais été mieux logé ni mieux nourri que dans l'hôtel où je me trouve ici. On me donne un vin doux, charmant, que l'on nomme *aleatico di Firenze*, (aleatico de Florence), et des raisins délicieux. Mon appartement est entièrement peint de jolies fresques; ce qui, au reste, est fort commun en Italie. Je n'ai fait que traverser Lucques, à cinq lieues d'ici, jolie petite ville dans une heureuse situation. J'y retournerai dans deux jours, car je veux aller à Florence par Pistoie.

Tu vois, chère Louisa, que l'Italie offre une foule de choses curieuses. Mais ce qui surprend surtout davantage, c'est la magnificence et l'incroyable richesse des églises. Peintures, sculptures, bas-reliefs, colonnes de marbre et de porphyre, pierres précieuses incrustées dans les autels, ciselures en bois précieux, dorures, plafonds dorés avec une perfection telle qu'au bout de quatre cents ans ils ont encore l'air frais. Toutes les richesses de la terre, tous les chefs-d'œuvre des arts sont consacrés au culte divin. Il y a telle de ces églises qui renferme, à elle seule, plus de chefs-d'œuvre, plus de trésors que toutes les églises de Paris réunies; la chartreuse de Pavie, par exemple.

Ce qui me touche davantage encore, c'est la beauté des offices, surtout des offices du soir, le nombre et la disposition des lumières, la douceur et l'harmonie des chants. La religion entre ici par tous les pores; elle est dans les cœurs, dans les chants, sur les murs, aux portails des édifices. J'ai vu, j'ai recueilli mille détails, et je soutiendrai toujours que le peuple italien est un des peuples les plus religieux du monde, et que la pratique est ici souvent d'accord avec la foi. Les étrangers qui viennent en Italie sont pour la plupart du temps des incrédules, des déistes ou des hérétiques ; il leur manque un sens pour juger ce qu ils voient, *le sens religieux;* ils n'ont à faire qu'à des aubergistes, des postillons, des domestiques de place, en un mot à la partie la moins saine de la nation , qu'ils corrompent par leur contact; puis ils l'accusent de la corruption qu'ils ont eux-mêmes apportée. Adieu.

LETTRE XX

Lucques, 3 décembre 1833.

Ma Louisa, j'ai vu le paradis terrestre. Je le croyais entièrement perdu, mais j'en ai retrouvé une magnifique partie parfaitement conservée à Lucques. Le duc de Lucques est le nouvel Adam de cet Eden. Me voilà comme La Fontaine ; il avait été si enchanté de la lecture du prophète Baruch qu'il s'en allait demandant à tous ceux qu'il rencontrait : « Avez-vous lu Baruch? » Et moi, je ne pourrai plus voir un voyageur sans lui demander : Avez-vous été à Lucques? Qui n'a pas vu Lucques n'a rien vu.

Située au centre d'un vaste cercle de montagnes, sur les bords du Serchio, Lucques offre, de la hauteur de ses remparts si larges et plantés de beaux arbres, des points de vue ravissants. Mais suis-moi, sortons de la ville, allons nous promener ensemble à la Marlia, campagne du duc, à une lieue de la ville. De belles avenues de bois-blancs nous y conduiront rapidement. Les vignes montent, circulent autour du corps des arbres; tantôt jetées en écharpes, tantôt élevées jusqu'au sommet de ces mêmes arbres, elles les drapent pittoresquement; on dirait qu'elles imitent la manière dont les femmes de ce pays s'entourent la tête de leurs châles. Mais regarde comme ces vignes unissent les arbres par de charmants réseaux. Aurais-tu imaginé ces draperies vivantes, ces tapisseries de vignes tendues d'un arbre à l'autre, ces beaux bois-blancs nous offrant de vastes espaliers tout couverts de grappes du plus beau raisin? Nous montons par une pente douce; peu à peu les collines s'approchent des montagnes qui les couronnent à l'horizon. Vois-tu ces beaux bœufs attelés à des chars de forme antique, la tête couverte de réseaux pourpres?

Nous voici à la Marlia : c'est l'habitation élégante et noble d'un grand seigneur. Sur le bord des pièces d'eau, se promènent de grands canards de première classe, tous chevaliers de la Toison d'or. Jamais je n'en ai vu de si grands et de si richement vêtus. Mais regarde ces moutons d'Amérique, noir-jais jusqu'à la moitié du corps, blancs de l'autre moitié... Quelle vue sur ces riches et riantes plaines, ceintes de toutes parts de montagnes aux formes variées et grandioses! Adam avait-il un plus beau spectacle dans le paradis? Partout, sur ces montagnes, de charmantes villas. Elles sont si heureusement situées qu'elles ont l'air d'être des productions naturelles de cette ravissante contrée. Cette belle nature semble porter d'elle-même et des habitations charmantes pour abriter les hommes et des fruits délicieux pour les nourrir. Mais déjà le soleil baisse; bientôt nous allons être privés de ce spectacle enchanteur.... O prodige nouveau! à mesure que la lumière s'éteint sur la terre, elle se rallume dans le ciel. Déjà les montagnes, plongées dans l'ombre à leur base, ne nous laissent plus distinguer que leurs cimes bleuâtres, d'un effet charmant. Vois comme le soleil couchant, ou plutôt déjà couché, fait ressortir leurs contours nettement dessinés. Ne semble-t-il pas qu'un pinceau magique se plaise à les détacher de l'horizon, en étendant sur leurs sommets les teintes les plus riches et les plus variées, vert pur, pourpre, orange, puis des teintes pâlissantes, tandis que tout à coup, comme pour raviver notre attention, éclate un trait d'une vive clarté! Tous les jeux d'une magique lumière se succèdent sur les arêtes des montagnes; le ciel conspire avec la terre, la lumière avec les ombres, pour nous plonger dans un inexprimable ravissement.

Es-tu contente de ta promenade, ma Louisa? eh bien! les couleurs merveilleuses que je t'ai fait admirer dans la nature, je les ai retrouvées dans les deux chefs-d'œuvre de Fra Bartholomeo : *la Vierge implorant le Christ pour le peuple de Lucques ; le Père éternel, sainte Marie-Madeleine et sainte Catherine de Sienne.* Dessin, couleur, expression, grâce, sublimité, une harmonie inexprimable, tout se trouve réuni dans ces chefs-d'œuvre. Je savais que Fra Bartholomeo était un grand peintre, mais je n'avais pas l'idée d'une telle perfection; il dessine comme Raphaël, il a la palette du Titien. Et comme ces anges sculptés en marbre par le grand Civitali de Lucques, au quatorzième siècle, tous deux en adoration devant le *saint Sacrement*, sont beaux, divins d'expression!...... Je ne puis me lasser d'admirer le sentiment de foi vive, de piété profonde qui respire dans une foule de tableaux de maîtres excellents dont nous ne connaissons pas même les noms dans nos impoétiques contrées. Beaucoup d'entre eux pourraient placer au bas de leurs tableaux cette touchante inscription, que j'ai lue à Pise au bas d'un tableau d'Aurèle-Lomi : *Et quid retribuam tibi, o bone Jesu, pro omnibus quæ retribuisti mihi? Non aurum, nec thus, nec myrrham, sed cor meum et de thesauro cordis mei hoc opus manuum mearum.* « Que vous rendroi-je, ô bon Jésus, pour tout ce que vous m'avez donné? Ce n'est ni de l'or, ni de l'encens, ni de la myrrhe, mais mon cœur, et du trésor de mon cœur, cet ouvrage de mes mains. »

Demain je vais voir les bains de Lucques. Adieu.

LETTRE XXI

Lucques, 4 décembre 1833.

Je suis tenté d'acheter le duché de Lucques, ma Louisa. Je te donnerai la plus charmante villa que tu puisses rêver, et tu viendras passer tes étés avec moi. Mon peuple est bon, religieux, laborieux, spirituel. Imagine-toi que mon domestique de place a une bibliothèque, qu'il lit!... L'aubergiste de même. Nous serons bien ici, ma Louisa, nous ferons des heureux, et nous le serons nous-mêmes.

Je ne t'ai pas parlé du palais ducal, qui contient un petit nombre, mais un choix exquis de tableaux : *la Vierge au candélabre* de Raphaël, de sa grande manière; un tableau d'Annibal Carrache, peint avec une hardiesse et une magie de couleurs telles qu'il me semblait n'avoir pu trouver de palette pour un si étonnant coloris. Sans doute le grand artiste avait été enchanté comme moi du spectacle qui m'a ravi; c'est dans ses souvenirs, c'est dans le ciel même qu'il a trempé ses pinceaux!

J'ai vu les bains de Lucques, intéressants non-seulement par leur situation, mais encore par la jolie route qui longe le Serchio, au fond de vallées situées entre de hautes montagnes.

J'ai remarqué, à quelque distance des bains, un pont bâti il y a plus de cinq cents ans et dont l'arche du milieu est si élevée qu'elle dépasserait en hauteur des maisons de sept étages. Sur la cime des monts, on aperçoit de vieilles tours en ruines qui servaient jadis de fanaux; en temps de guerre, on allumait des feux sur le haut de ces tours, et tous les citoyens du pays étaient obligés de courir aux armes : ce fait nous rappelle la coutume des clans d'Ecosse aux mêmes époques et plus tard. Ces tours, ainsi que les fortifications qu'on voit encore sur les hauteurs, ont été élevées pour la plupart par Castruccio Castracani, tyran de Lucques au quatorzième siècle. Ce Castruccio était un fameux gaillard, le Napoléon de son temps, en Italie, et peut-être avait-il autant de génie que Napoléon; car je suis très-convaincu qu'il n'a manqué à beaucoup d'hommes, médiocrement illustres, même totalement ignorés, qu'un vaste champ pour développer leur vaste génie. Quoi qu'il en soit, Machiavel, qui s'y connaissait et qui a écrit l'histoire de Castruccio Castracani, dit qu'il aurait surpassé Philippe en Macédoine et Scipion à Rome.

Voilà ce qui m'intéresse, ma Louisa; c'est l'histoire toute vivante, toute palpitante encore dans les monuments que l'on voit, que l'on touche, et qui vous gravent bien autrement les faits dans la mémoire qu'une froide narration. Qu'est-ce que ce vieux château? et cette tour? et ce palais antique? Jusqu'aux récits populaires, tout a pour moi un vif intérêt. Vous jugez par ce qui est resté dans la mémoire du peuple, par ce que la crédulité même a altéré, à quelle profondeur un homme ou des événements ont tracé leur sillon dans le monde.

Adieu, ma Louisa, donne-moi de tes nouvelles à Florence.

LETTRE XXII

Florence, 8 décembre 1833.

Ta lettre, mon Alfred, m'a fait un extrême plaisir; tu es un bon fils; tous les détails que tu me donnes m'ont fort intéressé; et cependant, mon bon ami, je me surprends à regretter que tu puisses me les écrire, ces détails. Je te voudrais avec moi, combien je jouirais doublement! par le cœur d'abord; puis il y aurait un flux et un reflux d'impressions, d'observations entre toi et moi; nous y gagnerions tous deux.

Que ce pays-ci est inspirateur! il donnerait de l'âme à ceux qui en manquent, si quelque chose pouvait donner de l'âme à ceux qui n'en ont point. Certes, je ne suis qu'un ignorant, surtout sous le rapport des arts; mais mon âme a de l'écho, et les Italiens me prennent pour un connaisseur, quand je ne fais que rendre avec justesse le ton qui m'a frappé.

Je n'avais encore vu que le portique, maintenant je suis dans le temple. Tout autour de moi les édifices, les sculptures, les bas-reliefs de Luca de la Robbia, de l'Orgagna, de Michel-Ange, de Jean de Bologne, de Donatello, de Benvenuto Cellini, géants de la renaissance des arts, hommes immenses qui se montrent ici majestueux rivaux, sans rivaux après eux. Jamais les eaux minérales les plus fortes n'ont produit un aussi grand effet sur le corps humain que ce bain de chefs-d'œuvre n'en produit sur mon cerveau. J'ai vu un groupe d'enfants chantants et dansants, sculpté par Donatello : on les entend chanter, on les voit sauter et courir. J'ai vu les portes en bronze du baptistère, dont Michel-Ange disait qu'elles seraient dignes d'être les portes du paradis. Tous ces personnages ciselés en bronze, anges, saints, patriarches, prophètes, apôtres, vivent, marchent, parlent, se répondent, et quand ils se taisent, on juge à l'impression de leur physionomie du mouvement de leur âme. Et Michel-Ange! il a laissé plusieurs groupes inachevés, il pouvait les laisser ainsi; la vie dont il a doué tous ses personnages est tellement puissante qu'ils se dégagent d'eux-mêmes de la pierre qui semblait devoir les retenir encore. Mais les palais, les palais! En vérité, l'Italie semble défier toutes les imaginations humaines d'inventer une forme ou des proportions dont elle n'offre le modèle. J'avais fort admiré les palais de Gênes; eh bien! ceux-ci m'ont apparu comme si jamais je n'avais vu d'architecture. Tantôt ce sont des rochers jetés sur les places publiques; à peine si l'architecte a daigné les tailler en quelques blocs, voilà la base, et l'édifice continue, grandiose, terrible! on le dirait bâti par des géants pour des géants. D'autres fois, sur ces bases étonnantes, montent et s'élèvent les plus heureuses, les plus harmonieuses constructions; ailleurs de charmantes arabesques décorent, enchantent les cintres des croisées, les frises des édifices. C'est une langue sublime parlée aux yeux; on se sent d'une nature plus élevée, on grandit, rien qu'à regarder de pareils chefs-d'œuvre. Ah! si les anciens Romains ont subjugué l'univers par les armes, les Italiens le subjuguent par les arts; cet empire ne leur sera pas enlevé.

Oui, plus je vois l'Italie, plus elle m'enchante; c'est un pays unique; les arts sont ici une seconde religion, et l'on peut dire qu'ils ont ajouté à la piété des peuples. Ici la foi est taillée en pierre, sculptée en marbre, vivante sur la toile. Les artistes ont travaillé du fond de leur cœur, *de thesauro cordis opus manuum*. Partout des fondations religieuses dont la destination est symboliquement exprimée sur la façade, remarquable tant sous le rapport de l'idée que sous celui de l'exécution.

A Pistoie, sur le portique du grand hôpital formé par des arcades on ne peut plus gracieuses, sont, dirai-je sculptées en terre cuite? les sept œuvres de la Miséricorde, par Luca de la Robbia. Beauté de dessin et d'expression, vives et brillantes couleurs, effet charmant et original, cet ouvrage réunit tout cela. On dirait qu'il sort de la main de l'ouvrier, et il date de trois siècles.

Ici, sur la façade de l'hospice des enfants trouvés, l'artiste a représenté de petits enfants charmants, encore enveloppés de leurs bandelettes jusqu'à mi-corps, tendant les bras avec une naïveté touchante à la charité publique. *Ayez pitié de nous*, ont-ils l'air de dire, ces pauvres petits enfants, *de nous qui sommes doublement faibles et par notre misère et par l'impossibilité où nous sommes de nous aider nous-mêmes!* N'avais-je pas raison de te dire que les Italiens ont une grâce charmante pour tout peindre aux yeux? où trouver une inspiration plus chrétienne, plus naïve, plus pleine de charmes? O Italie! que ta religion est belle! que ton soleil est beau! Vivifiés par cette double lumière, tes poëtes ont chanté toutes les grandeurs de la foi et de la nature, et tes peintres sont de grands poëtes! Ici l'âme s'épanouit aux doux rayons du ciel, les douleurs sont moins âpres, la joie plus naïve, l'espérance adoucit les peines qu'elle ne peut effacer!

Inspirés par les deux patries, la religion et la cité, les ouvrages des grands artistes ne sont pas seulement des chefs-d'œuvre, ce sont encore de belles actions. Il faut lire le sénatus-consulte des magistrats de Florence, déclarant la résolution d'élever un édifice digne de la patrie qu'il doit représenter et honorer! Le plan de la cathédrale, le baptistère, jusqu'aux portes de bronze, tout est mis au concours. Neuf artistes, tous illustres, se présentent pour les portes du baptistère; et quand chacun apporte son plan et dépose ses droits à la confiance des grands citoyens qui représentent si noblement leur patrie, huit d'entre eux déclarent à l'unanimité qu'ils renoncent à la concurrence, et que Ghiberti seul est digne de répondre à la confiance des magistrats. Et Ghiberti sculpte *les portes du paradis!*

Et cependant la plupart des hommes, même des hommes instruits, ne sont préoccupés que des crimes et des malheurs des républiques italiennes au moyen âge! Mon cher Alfred, l'histoire est une sotte, ou du moins elle est souvent sottement écrite. Les malheurs et les crimes retentissent comme les orages; on n'entend que ce bruit; les vertus, les grandes et généreuses inspirations sont froidement annotées ou tout au plus transmises dans de tièdes narrations. Ce n'est pas ainsi que les belles actions doivent être léguées à la mémoire des hommes; c'est à fresque qu'il faut les peindre, c'est en bronze qu'il faut les sculpter et les exposer aux yeux et à la vénération de la postérité; et d'ailleurs les orages des factions n'agitent souvent que la surface de la société; elles n'ôtent point aux citoyens obscurs, qui forment toujours le plus grand nombre, leur foi et leurs vertus paisibles. Ainsi, pendant

CATHÉDRALE DE FLORENCE

que la foudre gronde, éclate sur les hauteurs, les habitants des campagnes continuent à jouir d'un soleil serein. La fertilité, la richesse de leur sol ne leur est point enlevée.

J'ai eu ici un bonheur parfait. Un noble Milanais m'a donné une lettre de recommandation pour le directeur de la galerie, ou plutôt de toutes les galeries de Florence, et c'est un véritable ministère qu'une pareille direction. Cet homme, digne de la place qu'il occupe, profondément instruit, ami intime du Grand-Duc, si ami des arts, m'a accueilli avec une obligeance extrême; il m'a donné, pour me diriger, un homme parlant français à merveille, plein de goût et de politesse. Tu juges de ma félicité. Je t'embrasse, mon cher fils.

LETTRE XXIII

Florence, 9 décembre 1833.

Je viens de voir la maison de Michel-Ange, habitée encore par un de ses descendants, ou plutôt de ses neveux, un Buonarotti. J'ai vu l'atelier, les pinceaux, les premiers essais de ce grand homme : un enfant dessiné par lui au crayon noir, à l'âge de quatorze ans, et d'un relief tel qu'à une petite distance je l'ai pris pour un bas-relief. Sous les mains de ce grand artiste, le papier devient marbre, le marbre devient vivant. Une galerie charmante, peinte par ses élèves, représente plusieurs traits de sa vie; c'est une suite d'hommages rendus par les souverains de l'époque à la souveraineté du génie. Là on voit ce grand homme, appelé successivement par les papes, par Charles-Quint, par François Ier, par le doge de Venise, et enfin par Soliman, qui voulait lui faire jeter un pont qui unirait l'Europe à l'Asie. Idée grande, gigantesque si l'on veut, selon moi digne hommage rendu au génie de cet homme incomparable. Enfin, dans un dernier tableau, le duc de Médicis, debout, fait asseoir devant lui le vieux Michel-Ange et lui dit que le génie est aussi une royauté! Indépendamment de l'intérêt des sujets, ces tableaux sont admirables de dessin et de coloris. A Raphaël, la beauté, la grâce! A Michel-Ange, la vie! Il la donne à qui il veut; sous ses mains puissantes, le marbre obéit, marche; et s'il ne parle pas, c'est que cela n'est pas nécessaire; la pensée éclate dans le silence, tant il a su donner de physionomie à ses personnages. C'est un conquérant, c'est un empereur, c'est le Napoléon des beaux-arts. Il est comme César, dont Montesquieu disait qu'il était le premier à Rome et qu'il eût été le premier partout.

Au reste, tout ici éveille l'attention, la rappelle, la fixe et la satisfait. Je ne connais rien de plus beau que la place du palais Vecchio; elle est, je crois, unique dans le monde. Ce vieux palais, d'une si forte architecture, cette tour gothique, immense, qui le domine; toutes ces statues de Michel-Ange, de Benvenuto Cellini, de Bandinelli, de Jean de Bologne, si variées d'expression, si vivantes, si dramatiques qu'on dirait qu'elles se parlent, s'insultent, se défient; cette belle loge d'Orgagna, tant de souvenirs de la république qui se rattachent à cette place : tout cela remue l'âme; on ne peut se lasser de regarder, de revoir et d'admirer!

Oui, le génie éveille le génie comme la lumière allume la lumière. Je sens qu'en Italie je deviendrais peintre! O Florence, que tu es belle! belle par ta situation, belle par tes palais, belle par les chefs-d'œuvre dont tu es le musée. Ici les pierres parlent; Michel-Ange fait penser le marbre; Donatello, Ghiberti, Jean de Bologne, font respirer le bronze. Oh! je passerais à merveille toute une année à Florence, si j'y étais avec vous, mes chers enfants.

Mais disons un mot des Italiens. Trois choses sont surtout remarquables en Italie : la nature, les arts et la piété. Partout variété dans l'unité, et variété infinie : voilà surtout le caractère que je remarque ici. Voyez ces jolies collines toutes chargées de charmantes habitations, couronnées par des montagnes plus élevées, également riches de végétation et d'habitants. De là vous jouirez des plus délicieux coups d'œil. Vous n'êtes pas parvenu à leur sommet, qu'entre elles et les montagnes qui les dominent, vous découvrez de nouvelles collines, de nouveaux vallons, également variés, gracieux et pittoresques. La nature est ici inépuisable en surprises, et l'art est comme la nature. Mais ce qui me paraît dû à l'influence bienfaisante du catholicisme, c'est l'abnégation des propriétaires de ces jolies demeures. La curiosité vous porte-t-elle à les visiter? entrez, rien n'est fermé; il n'y a point ici d'égoïsme de propriétaire; que dis-je? le maître de ces domaines vous admet, vous invite à entrer en partage de ses jouissances. Moyennant une légère rétribution aux gardiens, tout, appartements, tableaux, statues, jardins, tout est à votre disposition. Le propriétaire lui-même, s'il craint de vous gêner par sa présence, se retirera, fuira en quelque sorte devant vous, pour vous mieux accueillir; je l'ai éprouvé moi-même. Ce caractère d'hospitalité, cette communauté de biens se retrouve partout. Ces maisons si agréablement situées, souvent si belles d'architecture, appartiennent quelquefois à de grands seigneurs, au souverain même du pays. Mais ici le riche ne tient pas le pauvre à distance; il a une maison plus grande, mieux meublée, mais il n'a comme lui qu'un jardin pour enclore son habitation. A côté, au-dessus, au-dessous de lui, tout près de lui, d'autres ont aussi leurs maisons, leurs jardins, jouissent des mêmes sites, se réjouissent au même soleil. Et, en vérité, la nature est si belle, les vues sont si variées, qu'il suffit d'un point d'appui, d'un abri, d'une terrasse, pour jouir du magnifique spectacle étalé à tous les regards. Nul besoin de dessiner, d'arranger, de tourmenter le sol pour en tirer d'heureux accidents, vous n'avez qu'à vous asseoir au banquet commun auquel le Créateur a convié toutes ses créatures. Ce caractère d'universalité se retrouve encore, sous un autre rapport, dans les églises. En face, au fond du chœur, un ou plusieurs autels; et enfin, à l'entrée de la nef, faisant face au chœur, d'autres autels. Les bancs sont tournés en tous sens; dans tous les sens vous voyez des hommes agenouillés adorant le Seigneur : car il est le Dieu de tous, on le trouve en tout lieu, on peut l'adorer partout. Cette disposition des autels et des bancs étonne d'abord, plaît et charme ensuite; elle semble l'expression naturelle de l'esprit du catholicisme. Variété dans l'unité, ou plutôt, unité tellement vaste qu'elle embrasse toutes les formes diverses d'un même sentiment : voilà ce qui caractérise la piété en Italie.

L'Italien est sincère, naïf, nullement moqueur. On serait étonné en France d'entendre la messe dans la *chapelle des tombeaux* de Michel-Ange; les nudités des statues allégoriques choqueraient; ici personne n'y pense. Les Italiens admirent le génie partout où il se trouve; ils le regardent comme un brillant rayon de la Divinité, et les torts des hommes de génie, leurs fautes, la partie enfin par où ils tiennent à l'humanité, ne les empêchent jamais de rendre hommage à ce qu'ils ont de divin. Cette disposition indulgente et bienveillante est universelle chez les hommes les plus pieux comme chez les hommes de plaisirs; elle contraste vivement avec la sévérité méticuleuse de beaucoup de gens pieux dans plusieurs pays.

Mon cher Alfred, je ne connais qu'un tort aux Italiens : c'est leur extrême obligeance, moyennant rétribution, bien entendu. Vous ne pouvez vous arrêter dans une rue, demander la plus petite chose, qu'il ne se présente aussitot deux, dix personnes pour vous conduire. Ah! lorsque vous levez la tête, un Italien mettrait volontiers son doigt au bout de votre nez pour diriger votre vue : et *la buona mano?*

LETTRE XXIV

Florence, 12 décembre 1833.

Ma chère Herminie, si vous étiez ici avec Charles et Louisa, enfin si mes enfants étaient tous avec moi, je ne quitterais pas Florence d'une année. Je le répète à satiété, Florence est un musée; les pierres parlent, le bronze respire, la toile vit. Il y a ici tout un peuple de statues, aussi vivant, aussi animé que le peuple de la ville, et beaucoup plus beau. Allons ensemble à la chapelle des tombeaux de Médicis, tout entière de Michel-Ange. Celui de Laurent et celui de Jean de Médicis ont à leur pied quatre statues allégoriques : le Jour, la Nuit, le Crépuscule et l'Aurore. La Nuit dort, le Jour se lève, le Crépuscule tombe, l'Aurore s'éveille. Ces quatre figures ont des poses si analogues à ce qu'elles doivent exprimer, que l'on peut dire avec vérité que la Nuit vous invite au sommeil, que le Jour vous fait lever la tête. La statue de Laurent de Médicis par Michel-Ange est assise; le tyran a l'air de réfléchir; son attitude est terrible; il n'appartenait qu'à Michel-Ange de faire ainsi parler le silence. Vis-à-vis l'autel, une Vierge avec l'enfant Jésus qu'elle allaite; il y a dans l'enfant une telle puissance de vie que l'on dirait qu'il doit tirer du lait de la pierre elle-même! Quel homme que Michel-Ange! il marque de son incomparable empreinte tout ce qu'il touche. Il a sculpté sur l'un des candélabres de l'autel des feuilles d'acanthe; l'autre candélabre, exactement copié d'après celui de Michel-Ange et très-bien exécuté, suffit pour faire juger la supériorité dont ce grand homme savait empreindre ses moindres ouvrages.

Nul musée n'est comparable au musée Pitti. Parmi une foule de chefs-d'œuvre, j'ai remarqué *la Vierge à la chaise* de Raphaël. Quel charme! quelle ineffable expression dans la mère et l'enfant! *La Vision d'Ezéchiel* de Raphaël, petit tableau de moins d'un pied de long sur six pouces de hauteur, immense! immense! le Père éternel est bien le Père du genre humain, le Créateur de l'univers. Des marines de Salvator Rosa, admirables de couleur, de lumière; effets magnifiques! Quatre philosophes : Rubens, son frère, Grotius et Juste-Lipse, peints par Rubens dans le même cadre, m'ont paru admirables de dessin, de couleur et d'expression. Enfin il serait trop long de tout détailler.

J'ai vu la belle salle de Niobée, et d'Alexandre mourant, ou plutôt se plaignant d'être abandonné des dieux, car je partage sur ce poin l'opinion de Plutarque, de Bernardin de Saint-Pierre et de M. Valéry. Quelle douleur et quelle noblesse! La Vénus de Médicis et la Vénus de Canova sont belles toutes deux : celle de Médicis est une déesse; celle de Canova est une belle mortelle; je conviens qu'elle n'a ni la pudeur mythologique de la Vénus antique, ni la pudeur virginale et chrétienne; elle a l'air de dire comme la princesse qui avait posé pour Canova : *Je vous assure qu'il ne fait pas froid.*

Si l'on pouvait comparer quelque chose à l'antique, ce serait le *Mercure en bronze* de Jean de Bologne; il ne touche pas la terre il vole.

Il y a ici au bas de Ponte-Vecchio un groupe jeté dans une espèce de carrefour, et auquel peu d'étrangers font attention : *Le Centaure dompté par Hercule*, de Jean de Bologne. Comme le Centaure plie sous la pression victorieuse d'Hercule! Etudiez en détail, vous verrez la profonde science anatomique exprimée dans l'attitude de ces deux personnages.

Mais il faut que je vous dise une petite anecdote qui vient de m'être racontée. Après avoir beaucoup voyagé en Europe, une Anglaise était revenue à Paris. On parlait devant elle de Florence. « *Florence*, dit-elle en se retournant vers son mari, *je crois, mon cher, que nous avons couché dans un endroit que l'on appelle comme cela!* » Voilà ce qui s'appelle voyager avec fruit! Mais cette bonne dame aimait probablement la promenade! Comment n'avait-elle pas été voir les cascines, longue et belle promenade aux bords de l'Arno? Là, sur de beaux gazons, vous voyez errer paisiblement des troupeaux de faisans. Je vous ai déjà parlé de beaux canards que j'avais remarqués à Lucques, et des chameaux qui vivent en si bon accord avec les chevaux, les bœufs et les chevreuils, à la ferme de *San Rossore* près de Pise. Ici ce sont les faisans qui triomphent; ces animaux vivent en paix avec les hommes, qui ne leur cherchent jamais noise, comme on le ferait dans bien des pays.

Ce qu'il y a de charmant aux cascines, c'est un petit palais champêtre dont la façade est décorée de médaillons en terre vernissée, qui représentent en relief quelques scènes de la vie des champs; un veau qui tette, des bœufs qui se menacent de leurs cornes, une vache que l'on trait; le bouvier qui conduit le troupeau, et tout cela exprimé avec tant de vérité! Oh! que les Italiens ont l'imagination riche, naïve, heureuse en tous genres! c'est qu'ils aiment vivement. Rappelez-vous ce que j'ai dit : Aimer c'est comprendre; et comprendre c'est voir, et j'ajoute faire voir. En Italie, on vit d'affections; les objets de leurs affections, les Italiens ont besoin de les exprimer, de les chanter, de les montrer : *Oculis subjecta fidelibus....*

Et, à ce propos, il faut que je vous communique une réflexion qui se présente à moi sans cesse : Chez les peuples comme chez les individus, règne toujours une idée dominante; saisir cette idée, c'est avoir la clef de leur caractère. Or, en deux mots, en France on vit pour ce que l'on dit; en Allemagne pour ce que l'on pense; en Belgique pour ce que l'on a; en Italie pour ce que l'on aime.

LETTRE XXV

Florence, 14 décembre 1833

L'architecture d'un peuple, mon cher Charles, c'est son histoire écrite en grands caractères, en lettres majuscules. Non-seulement la fondation des édifices, mais leur conservation, et, en quelque sorte, leur vie dans ses diverses phases, représentent la vie des nations dans ses développements divers. Tu te rappelles nos observations lorsque nous fûmes ensemble en Angleterre. Là existe une grande pairie en regard d'un haut et puissant commerce; là aussi, de magnifiques châteaux de chevalerie en regard de magnifiques établissements industriels. Si les églises gothiques, si les vieux édifices de la féodalité existent encore en grand nombre dans ce pays, tandis que dans d'autres états de l'Europe beaucoup de ces vénérables monuments de l'antiquité ont disparu, c'est que la révolution sous Henri VIII a été faite par les grands et non par le peuple, et les grands ont conservé les attributs de leur puissance. En France, le commerce n'a pas marché de pair avec la noblesse; mais l'ascension graduelle de toutes les classes de la société a successivement effacé la puissance et aussi, il faut le dire, beaucoup d'antiques et majestueuses demeures des familles les plus illustres.

En Allemagne, la haute noblesse a conservé jusqu'aujourd'hui plusieurs de ses privilèges et de grandes fortunes territoriales. Ce pays, centre de l'Europe, ayant été souvent ravagé par la guerre, les antiques châteaux de chevalerie ont été ruinés pour la plupart; mais du moins les possesseurs en conservent les ruines pleines de grands souvenirs; tandis qu'en France, *etiam periere ruinæ!* Je ne doute pas que, sans les ravages de la guerre de trente ans, grand nombre de vieux châteaux n'existassent encore en Allemagne dans leur antique majesté.

L'Italie présente un caractère tout différent : les gentilshommes et seigneurs n'ont pas été puissants par eux-mêmes et en quelque sorte individuellement ; ils n'ont été que les plus riches et les plus illustres citoyens des états dont ils faisaient partie. C'est par l'influence qu'ils obtinrent sur leurs concitoyens, par les services qu'ils rendirent à leur patrie, qu'ils s'élevèrent; aussi ce ne sont point de vieux châteaux que l'on trouve en Italie; lors même que vous apercevez une vieille tour sur les hauteurs, elle rappelle le souvenir des guerres que se faisaient les différents états au moyen âge, et non la puissance féodale des seigneurs; tels sont le Baradello près de Côme, les tours de Castruccio Castracani dans le pays de Lucques. Les seigneurs ne bâtirent donc point de hauts donjons sur les rochers, mais des palais dans les villes; et non-seulement ils bâtirent des palais pour eux-mêmes, mais ils élevèrent des hospices, des églises, des monuments consacrés à l'utilité publique ; car ils voulaient mériter, obtenir et conserver leur influence au milieu de leurs concitoyens, et ils ne le pouvaient que par de grands services.

Ainsi donc, en Italie, les palais des grands représentent les donjons et les châteaux gothiques de l'Allemagne et de l'Angleterre, et l'architecture est ici, comme partout, la fidèle expression de l'état social. Ajoutez ceci : l'état de dénuement de la plupart de ces palais, aujourd'hui déserts, et dont les anciens propriétaires ne paraissent en quelque sorte que les concierges, peint fidèlement la chute de la puissance des particuliers. L'Europe entière se transforme, elle se nivelle partout, et l'on voit tomber toutes les grandes existences, comme les arbres antiques que l'on abat pour ne plus conserver que le taillis, véritable peuple des forêts.

Voilà des observations que tu ne trouveras dans aucun itinéraire. Le croiras-tu? rien ne m'impatiente comme les itinéraires, les indicateurs, etc. Ces *détaillistes*, espèces de domestiques de place, un peu plus instruits que ceux qui nous accompagnent à la promenade, annotent l'un après l'autre chaque ouvrage d'artiste, fatiguent par la multiplicité des détails ; ils ne donnent aucune idée d'ensemble ; on ne sait ce que l'on doit voir, ce que l'on peut omettre. Chez eux, tous les objets sont sur le même plan, également éclairés ; point de perspective, point de repos, point de traits de lumière et de masse d'ombre. Souvent, tout à la fois, excellents et détestables guides, il faudrait des années pour voir tout ce qu'ils indiquent minutieusement, et surtout un bon jugement pour choisir et placer en son vrai jour tout ce qu'ils éclairent d'une même et monotone lumière. Ajoutez qu'ils sont trop souvent sévères pour les grandes œuvres de l'art, trop admirateurs des petites, effacées, à peine visibles.

LETTRE XXVI

Florence, 19 décembre 1833.

Tu te souviens sans doute, chère Caroline, d'avoir visité, pendant ton séjour à Florence, l'académie des beaux-arts, riche en beaux modèles de plâtre, mais remarquable surtout par une belle galerie où l'on peut suivre toute la généalogie de la peinture. Tu te rappelles les fresques admirables du Giotto, d'Orgagna, d'Angelico di Fiesole, et le magnifique tableau du Pérugin. Les trois personnages au bas du tableau auraient fait honneur à Raphaël, tant le dessin en est ferme et pur, tant la couleur et l'harmonie en sont belles.

Deux superbes Cigoli ont attiré toute mon attention; l'un des deux représente saint François d'Assise priant au milieu de la nuit dans le désert. L'effet de la lune sur le paysage, l'attitude, l'expression du saint, la couleur de ce tableau, tout m'a paru merveilleux. Les premiers créateurs de la peinture, tu l'auras remarqué comme moi, n'ont point été surpassés, le dirai-je? n'ont point été égalés. Il y a dans leurs ouvrages une naïve sublimité d'expression que la peinture élevée à une plus haute perfection sous d'autres rapports n'a pas atteinte. Cette peinture primitive est l'expression fidèle de la foi naïve, de la foi vierge de cette époque, alors qu'elle n'avait pas été altérée, alors que l'art chrétien n'avait point commis d'adultère avec la beauté païenne. Les peintres de cette époque ne voient que l'idéal qui les ravit, et les artistes et ceux qui jugent leurs œuvres sont également en contemplation d'amour devant les divins modèles. Voilà ce qui distingue le caractère si pur, si élevé des époques primitives; la vanité, les petites passions, l'amour du succès, le bruit extérieur, ne l'altérèrent point. Les peintres des époques suivantes, même lorsqu'ils traitent des sujets religieux, moins pénétrés du sentiment de foi, sont occupés d'eux-mêmes et de l'effet qu'ils produisent; ils parlent au public; ils songent à se bien présenter devant lui: aussi les ouvrages de Raphaël inspirent de l'admiration; les sujets religieux traités par les peintres des époques précédentes inspirent l'adoration; ils ont plus parfaitement atteint le but de l'art.

La peinture, l'architecture chrétiennes sont nées majeures; les artistes des treizième et quatorzième siècles sont les créateurs d'un art nouveau, tout à la fois plus naïf et plus sublime que l'art antique; car l'art chrétien dépasse l'art antique de toute la hauteur dont la dignité de l'âme surpasse la beauté du corps. Les formes des chefs-d'œuvre de la *véritable renaissance* sont moins parfaites que celles des statues et des bas-reliefs des Grecs; c'est que les artistes ont été plus occupés d'exprimer les profonds sentiments de l'âme que la beauté des proportions du corps humain. Il semble que ce ne soit pas impuissance d'égaler les modèles antiques ; un sentiment plus élevé a pénétré leur âme. Ainsi l'homme fortement préoccupé d'une grande et généreuse résolution est peu soigneux de l'élégance de ses vêtements, tout entier qu'il est à la pensée qui le domine. Peu à peu la beauté de la forme cherche à s'ajouter à la beauté de l'expression ; l'art va atteindre toute sa perfection ; hélas ! la foi pâlit, et avec elle s'altère cette beauté, cette harmonie intime qui n'appartient qu'au christianisme ; la déchéance des âmes a produit la décadence des arts.

J'ai presque des remords, chère Caroline, en pensant à ce que j'ai écrit à mes enfants, aux éloges que j'ai donnés indistinctement aux œuvres de l'art, composés sous des inspirations bien diverses, souvent même bien contradictoires. Qu'ai-je fait, malheureux ! j'ai parlé le langage des hommes du siècle ! j'ai contristé les amis du vrai beau : moi-même, je me suis.... Non, cependant, je ne sens nullement le besoin de me rétracter, mais bien celui de m'expliquer.

Il y a une beauté superficielle qui frappe à la première vue, qui séduit, qui captive les sens ; il y a une beauté plus pure, plus intime, aussi supérieure à la beauté sensible que l'âme est supérieure au corps : voilà ce que chacun avoue, même à son insu. Elle est belle, dit-on, en voyant une femme douée de proportions harmonieuses, d'une exquise régularité de traits ; cependant voici une jeune fille qui n'est remarquable ni par la régularité des traits ni par la richesse de la taille, mais dont la physionomie respire la pureté virginale, la bonté délicate, la piété douce et tendre, une vive compassion pour tous les êtres souffrants. C'est un ange, s'écrie-t-on, et tous les cœurs volent au-devant d'elle.

Or, en jetant un coup d'œil superficiel sur les chefs-d'œuvre des arts dont Florence abonde, j'ai parlé du beau en général ; je n'ai point fait sentir l'immense distance qui sépare le beau païen du beau chrétien ; veux-tu savoir mon dernier mot, *ma vérité la plus vraie*, sur ce que je pense des arts? Je n'admire profondément que la beauté chrétienne ; je vais plus loin, je ne conçois pas comment des hommes qui ont été élevés par elle à de hautes contemplations, peuvent redescendre à une admiration passionnée pour la beauté païenne.

Quoi ! un Dieu s'est fait homme ; il est devenu le fils, le frère de l'homme ! la femme a été élevée à la dignité la plus sublime, à celle de la Vierge-Mère, Mère de l'Homme-Dieu ! l'enfant est un être divin dont l'Enfant-Dieu est le type ! les sociétés politiques ont une âme, une règle, un sublime modèle dans la société mère et maîtresse, dans l'Eglise catholique ! toutes les idées de Dieu, de l'homme, de la femme, de l'enfant, de leurs relations entre eux ont été renouvelées, purifiées, élevées à une hauteur incompréhensible à notre raison, et d'autant plus touchante pour notre amour ! quoi ! l'unité d'essence, la trinité des personnes se sont manifestées à nous sous la forme humaine et sociale, non-seulement dans *l'Homme de douleur*, libérateur de l'humanité, mais dans cette société immortelle, fille du Père, épouse du Fils, éclairée, vivifiée par l'Esprit-Saint ! toutes ces merveilles de la miséricorde se sont opérées, et sont toujours présentes au milieu de nous ; et l'on croit encore pouvoir chercher des inspirations dans les arts du paganisme, dans cette religion sensuelle, bornée, où la Divinité n'était qu'une ombre, sa représentation que la forme humaine embellie, où l'homme n'était que beauté physique ou tout au plus le citoyen d'un empire terrestre, la femme qu'une belle courtisane, l'enfant compté pour rien !... C'est là que Raphaël et toute son école vont chercher les modèles de la beauté ! et cela pour représenter les sujets chrétiens ! prodigieuses aberrations !!! Sous le christianisme, cette vie n'est que la préparation à une vie meilleure ; nous ne sommes nous-mêmes que le commencement d'une créature, *initium aliquod creaturæ*, la terre est un lieu d'épreuve, la lumière qui nous éclaire n'est qu'un demi-jour ; trop vive pour que nous puissions en supporter l'éclat, la lumière divine se voile à nos regards, et ne nous arrive qu'à travers les saintes obscurités de la foi ! Les églises gothiques ont exprimé d'une manière sublime cette lumière mystérieuse si appropriée à notre vie sur la terre ! et l'on veut que l'architecture religieuse reproduise les colonnes élégantes et sensuelles, le jour brillant et matériel du paganisme !... Non, non, ma Caroline, je suis catholique, en religion, en politique, en littérature ; je ne divise point ce que Dieu a uni. Non, le beau païen n'est point du tout mon idéal. La chair et le sang, s'émouvant à son aspect,

« Ont trop de part aux pleurs que je répands pour lui, »

supposé toutefois que je répande des pleurs....

Mais, qu'est-ce donc, me diras-tu, que ce beau païen, quel rang faut-il lui assigner? quel est son rapport avec la beauté chrétienne? La réponse à ces questions touche aux problèmes les plus délicats de la nature humaine et de l'ordre social.

L'harmonie est l'expression de l'unité dans la magnifique variété des œuvres du Créateur; elle est l'unité complétement développée. Ainsi, dans toutes les œuvres humaines, et en particulier dans les œuvres de l'art, qui sont l'imitation de la nature, plus le principe de vérité est élevé, plus il est développé dans sa riche variété, plus l'harmonie est belle, plus elle rend l'unité sensible, en un mot, plus il y a de beau, splendeur du vrai! L'harmonie, cette unité sonore, est tellement la loi essentielle des créatures, que là même où le principe de la vérité est altéré, l'harmonie entre la forme et le fond, l'unité d'un principe incomplet, mais bien développé de gradations en gradations, de nuances en nuances, suffit encore pour captiver notre esprit, pour obtenir notre admiration. Dans l'exposition de l'erreur, c'est à la vérité seule que nous rendons hommage; ce que nous admirons, c'est la variété dans l'unité, caractère essentiel des œuvres du Créateur.

Atteints, jusque dans les profondeurs de leur être, d'une immense discordance, n'ayant conservé que des traditions altérées, pauvres de souvenir, plus pauvres d'espérance, les païens vivaient presque uniquement sous l'empire du monde sensible. Mais telle est l'unité divine imprimée dans toute la création, que l'idée qui en est gravée en nous ne peut jamais s'effacer complétement. De l'harmonie que leur offrait la nature visible, les païens concluaient que le monde spirituel, que l'âme aussi doivent trouver leur harmonie; c'est dans ce sens que Platon disait qu'il faut accorder l'âme comme une lyre. De l'harmonie extérieure et sensible naissait chez les païens l'idée du beau fini. Perfection du fini! voilà ce qu'expriment la peinture, la sculpture, l'architecture, l'art des Grecs! Quand ils veulent s'élever à une plus grande hauteur, ils peignent ou la révolte des Titans, ou la douleur d'une félicité perdue, l'ascendant d'un destin fatal. Aussi quelque belles que puissent être les œuvres de l'art païen, elles paraissent comme enveloppées d'un voile funèbre; la mort plane sur toutes les représentations de la vie, car tout ce qui est fini est sujet à la mort. Et voyez! les chantres du plaisir évoquent l'idée de la mort, une opposition piquante pour rendre plus savoureux le sentiment de la vie!

Mais quelle ineffable harmonie enchante la vie chrétienne! De sphère en sphère, de hiérarchie en hiérarchie, le chrétien s'élève jusqu'au trône de Dieu. Pour lui, toutes les dissonances s'effacent, toutes les discordances s'apaisent dans la foi, l'espérance et l'amour. Le christianisme nous a dévoilé la beauté céleste, la beauté infinie qui illumine toute la vie humaine. Là où n'atteint point notre raison, la foi supplée; nulle limite à l'amour. Aimez! aimez! les consolations sont plus puissantes que les douleurs. Au milieu des tortures, sur la physionomie des martyrs, brille le ravissant espoir. Partout la vie plane sur la mort, la mort est pleine d'immortalité!

Le christianisme a délivré l'art de la captivité du monde sensible dans lequel les païens étaient renfermés; il a racheté l'art, comme la société elle-même; il lui a ouvert le monde infini dans son inépuisable magnificence.

Je t'embrasse, chère sœur, comme je t'aime de tout mon cœur.

LETTRE XXVII

Florence, 22 décembre 1833.

Je m'étais toujours dit que l'Italie, étant le centre de la religion, devait se ressentir de son influence; que l'on devait y retrouver, plus et mieux qu'ailleurs, les caractères du catholicisme. Mais avant d'être venu ici, je ne faisais que deviner; maintenant je l'ai vu. On n'a point assez dit combien l'Italie est catholique : elle l'est aux yeux et au toucher, si je puis me servir de cette expression. Oui, il y a ici une intelligence plus complète, une expression plus variée et plus parfaite de la religion et de tous nos sentiments élevés et purifiés par le christianisme. Le caractère du génie italien, c'est l'universalité et l'amour. C'est à l'Eglise romaine dont elle est le siége, c'est au Soleil divin qui l'éclaire, que l'Italie doit l'incomparable honneur de compter au nombre de ses grands hommes les génies les plus vastes, les plus universels qui aient paru dans tous les genres.

Quels sont, parmi les rois, ceux que l'on peut comparer aux

grands papes Grégoire VII, Innocent III, Innocent IV, génies législateurs, qui seuls ont compris la véritable hiérarchie sociale, les rapports de subordination de la société temporelle à la société spirituelle, de la terre au ciel, du temps à l'éternité, du fini à l'infini? J'ose même dire que le génie de Charlemagne est entièrement dû à la grande unité du Saint-Siége et de l'Eglise romaine qui pénétrait toutes ses pensées, toutes ses conceptions. Pourquoi, parmi tant de grands rois dont s'honorent la France et l'Espagne, aucun n'offre-t-il le caractère d'universalité, de sublimité, qui me frappe dans Charlemagne? C'est que ces rois, et même les plus religieux d'entre eux, étaient cependant, sous plusieurs rapports, plus français, plus espagnols que catholiques, tandis que Charlemagne est un génie complétement catholique, pénétré, comme les grands papes Grégoire VII, Innocent III, de la sublimité, de l'universalité, qui sont les attributs du catholicisme (1).

Vivifiés par la grande unité de l'Église romaine, sous l'influence de laquelle ils vivaient, les saints docteurs ont été à la science théologique ce que Grégoire VII, Innocent III étaient à la science du gouvernement. Ils sont encore aujourd'hui la source à laquelle viennent puiser toutes les théologies des églises particulières. C'est ce que fait parfaitement comprendre, c'est ce que montre aux yeux un beau tableau que j'ai vu à Lucques dans l'église des Dominicains : saint Thomas d'Aquin plane dans les cieux; sur la terre une magnifique fontaine représente la science dont ce grand homme est le père, et tous les pontifes, docteurs et théologiens, viennent puiser à cette source. Je n'ai parlé que du docteur angélique; je n'ai point nommé le docteur séraphique, saint Bonaventure, saint Antonin, et tant de savants commentateurs, historiens, controversistes, tels que les cardinaux Baronius, Bellarmin, Cusa, Bona; car je tiens pour romains tous ceux qui ont vécu, se sont inspirés et ont composé à Rome.

L'Italie est la source de la poésie chrétienne. Le Dante est l'Homère catholique, le père de toute la poésie moderne; il a peint, on sait avec quelle sublimité, et les douleurs de l'enfer, et les béatitudes du ciel; on peut dire qu'il a suivi toutes les transformations de nos âmes; aucun poëte n'est descendu si avant dans les profondeurs de la nature humaine, aucun ne s'est élevé à de

(1) Relis, dans *l'Esprit de Vie et l'Esprit de Mort*, ce qu'Henri et moi nous avons dit de Charlemagne et de Napoléon.

plus hautes conceptions. Le Tasse a chanté la société chrétienne, inspirée, dirigée par son chef dans la plus sublime expression de son enthousiasme; et si, sortant un instant de la gravité de mon sujet, je ne parlais que de la richesse d'imagination qui fait les grands poëtes, je dirais : « Vous plaisez-vous aux jeux riants d'une imagination brillante qui parcourt, insouciante et légère, toutes les surfaces de la vie, cueille partout des fleurs sans attacher grand prix aux résultats sérieux? qui est plus riche, plus varié, plus follement inspiré que l'Arioste ? » Mais ceci entre deux parenthèses.

Au Dante, au Tasse, ajoutons Manzoni, digne de faire suite à ces grands poëtes. Dans son magnifique ouvrage, *les Fiancés*, il a mis en regard la force et la faiblesse, la puissance accablante d'indignes favoris de la fortune et la touchante impuissance du pauvre à se défendre par lui-même, et c'est la faiblesse qui triomphe! L'œuvre de Manzoni n'est que le développement de ce proverbe populaire qu'il m'a cité lui-même : *Les pauvres se sauvent par la patience, et les riches par la charité.* Et comme, dans ce beau poëme, les caractères sont admirablement tracés! ce sont des types comme ceux d'Homère. Lucie est une madone plus naïve, plus pure que celle de Raphaël; le zèle pastoral, la charité la plus ardente, le courage qu'elle inspire, ont-ils jamais été mieux représentés que par le cardinal Frédéric? L'humilité du religieux unie à l'activité, à l'intrépidité, n'est-elle pas vivante dans le père Christophoro? *Les Fiancés* ont une originalité qui manque au *Télémaque.* C'est le christianisme même dont Manzoni a chanté les bienfaits; comme le Christ, il dit aux puissants de la terre : *Souvenez-vous que les premiers d'entre vous ne sont que les serviteurs des autres.*

Jetons un coup d'œil sur les beaux-arts : même caractère d'universalité, même profondeur de sentiment, même richesse de conception chez les peintres et les sculpteurs; c'est qu'ils sont inspirés par l'amour; et qui est plus riche, plus varié, plus inépuisable en expression que l'amour? Souvent, en voyant l'image de la sainte Vierge partout retracée, sur les murs comme dans les cœurs, je me suis dit qu'elle était reine d'Italie; je voudrais ajouter ce titre à tous ceux que lui donnent les litanies. Qu'y a-t-il de beau dans le cœur humain qui ne se trouve au plus haut degré dans le cœur d'une mère? Au sublime dévouement de la mère, la Reine des anges et des saints unit l'ineffable pureté de la vierge. Comprenez toutes les inspirations de la foi et de la charité dues à ce culte d'un charme indicible, et vous concevrez tout ce que les fidèles ont dû sentir, tout ce que les artistes ont dû exprimer. La peinture, la sculpture, tous les arts rayonnent de gloire autour de la Mère et du Fils. J'aime à te citer le mot du comte de S..., auquel je disais que l'admiration était le sentiment le plus délicieux que nous puissions éprouver. « Après l'adoration, » me dit-il. En effet, l'adoration renferme l'admiration élevée à sa plus haute puissance, car elle est le rapport intime de notre âme avec Dieu; par une conséquence naturelle, l'admiration la plus haute pour la Vérité par essence, pour notre incomparable modèle, a dû produire, chez les hommes de génie, les œuvres les plus admirables. Quand un sentiment est général chez une nation, il se forme pour ainsi dire une chaîne électrique; il suffit de faire partie de l'assistance, de se toucher par le plus léger contact pour recevoir la commotion. La foi, en Italie, est le lien commun; les artistes auxquels on peut reprocher le plus de désordres de conduite étaient cependant plongés dans l'atmosphère de foi universelle, leurs œuvres l'attestent. Pureté des vierges, zèle, charité si vivement ressentie par tant de fidèles, courage des martyrs, les peintres italiens ont tout retracé; pas un sentiment, pas un mouvement de l'âme qui n'ait été saisi, exprimé, rendu vivant sur la toile, sur le marbre, sur l'airain.

L'Italie est la patrie des beaux-arts, non pas la patrie des beaux-arts ravivés, comme on croit, par la prétendue renaissance, mais de ces arts bien autrement beaux, nés immédiatement du christianisme; il me suffit de citer les noms de tant de sculpteurs, de tant de peintres excellents, du Giotto, de l'Orgagna, de Nicolas de Pise, de Luca de la Robbia, de Civitali, d'Angelico de Fiesole, de Léonard de Vinci, des deux Luini, de Francia, de Fra Bartholomeo, de Raphaël, du Guerchin, du Carofala, de Michel-Ange, *de tant d'autres que j'oublie peut-être ou que je ne veux pas rapporter*, car il y a en Italie autant de célèbres écoles de peinture que de peintres illustres dans les plus puissantes monarchies.

Partout ailleurs qu'ici, l'art n'habite qu'une sphère secondaire. Si tu veux t'en convaincre, compare les poëtes et les peintres français, par exemple, aux poëtes, aux peintres italiens. Corneille peint les personnages de la cour de Louis XIII sous des noms romains; Racine, ceux de la cour de Louis XIV sous des noms grecs. Mais le Dante, mais le Tasse, mais Manzoni, sont les chantres de l'Europe chrétienne; ils ont un caractère d'universalité qu'on ne peut méconnaître. Chose remarquable, les deux seuls poëtes qui n'appartiennent pas à l'Italie et auxquels on doit accorder ce caractère d'universalité, Shakespeare et Goëthe, ont peint *les douleurs de ces âmes qui ont perdu le bien de l'intelligence :*

Le genti dolorose
Ch' hanno perduto l' ben dell' intelletto.

Ils vivaient sous l'influence de l'hérésie, c'est-à-dire des doctrines opposées à celles de l'Eglise romaine !...

Et pour continuer la preuve que je tire des hommes de génie qui n'ont point été complétement inspirés par l'unité catholique, faisons encore l'application de mon principe aux arts de la peinture et de la sculpture. Voyez l'école française sous et depuis Louis XIV : citerez-vous l'exquise pureté de ses vierges, de ses madones, le charme de ses enfants divins, la beauté des saints en adoration? La même remarque s'applique à l'école flamande; elle est vraie surtout, mais d'une vérité triviale; elle reproduit des effets de paysages, des intérieurs. Chez Rubens, elle est opulente et magnifique; mais il y a dans les tableaux de ce grand peintre trop de chair et de sang; ils parlent trop aux yeux, pas assez à l'esprit. Cependant l'école flamande a aussi un caractère religieux, surtout chez Van Eyck et ses disciples. Mais que ces peintres les plus illustres sont éloignés de la perfection et des vastes conceptions de Raphaël, du grandiose de Michel-Ange, de la profondeur du Dominiquin, et de tant d'autres peintres italiens! Je le répète, les génies les plus vastes et les plus complets qui aient paru parmi les hommes, c'est l'Italie qui les a produits. Ah! qu'elle se console, ou plutôt qu'elle sache s'apprécier elle-même. Elle règne par la prééminence de ses poëtes, de ses peintres, de ses artistes en tous genres; elle règne par la supériorité de ses grands et saints docteurs, bien autrement philosophes que ceux de l'antiquité; elle règne par l'ascendant de sa foi et des lumières qu'elle a répandues dans le monde, plus que l'ancienne Rome ne régnait par les armes. « Dieu a fait un ouvrage, *au milieu d'elle*, qui, détaché de toute autre cause et ne tenant qu'à lui seul, remplit tous les temps et tous les lieux, et porte par toute la terre, avec l'impression de sa main, le caractère de son autorité. »

LETTRE XXVIII

Florence, 23 décembre 1833.

L'amour des arts, chère Louisa, est comme l'amour de la gloire, comme tous les autres amours; il n'atteint son but qu'à force de sacrifices, et j'ose dire même que le simple amateur doit s'attendre à une foule de mécomptes. Je ne parle pas des objets de son admiration; ils sont plutôt appréciés au-dessus de leur mérite. Mais pour *voir* seulement, que de peines, que de démarches! Tantôt c'est le jour qui vous manque, surtout lorsqu'on voyage en hiver : vous restez en face d'une œuvre tout à fait digne de votre scrupuleuse attention; mais il pleut à verse, ou le soleil ne paraît pas; deux choses qui arrivent plus souvent que l'on ne pense en Italie. Tantôt, même avec un beau jour, c'est une fresque fort belle dans son origine, mais presque effacée, au fond de quelque chapelle obscure; c'est un tableau qui a poussé au noir, ou bien qui est dégradé par l'effet de la négligence. Il y a plus : vous ne savez à quelle heure visiter les églises; le matin jusqu'à midi elles sont pleines de monde; des messes à plusieurs autels; et je ne trouve rien de si indécent, surtout pour un catholique, que de s'en aller, le livre dans une main, le lorgnon dans l'autre, se promener comme dans un musée, au milieu des fidèles adorateurs. C'est manquer de respect à Dieu et même à ceux qui le prient. Pour moi, je n'ai jamais pu m'y résoudre. A midi, les églises se ferment; peu de facilité pour les faire ouvrir; on vous renvoie à l'heure où l'on ouvre de nouveau, entre deux et trois heures; il faut guetter le moment de l'ouverture : alors les églises se remplissent encore, ou bien, si vous êtes dans la mauvaise saison, le jour baisse. Il y a telle église dans laquelle je suis retourné six fois et dont je n'ai pu voir les tableaux. Tenez-vous bien pour heureux si, vu toutes les raisons que je viens de déduire, vous parvenez à jouir des deux tiers de ce que vous regardez, de ce que vous touchez, pour ainsi dire, des yeux et des mains. Pour moi, il m'est souvent arrivé de ne pouvoir saisir

la moitié de ce que je tenais en quelque sorte à ma disposition, et certes, je n'ai épargné ni temps, ni peine, ni argent. Ajoutez à tout cela l'ignorance profonde de la plupart des guides, leur empressement visible à se débarrasser de vous pour obtenir leur salaire; ajoutez la fatigue souvent très-grande de ces courses multipliées, de vos regards toujours élevés, et vous verrez qu'il faut mettre en ligne de compte, à côté de beaucoup de jouissances, beaucoup de désappointements; mais toutes choses humaines sont ainsi.

Que sont ces petits inconvénients? Tous les jours, je m'applaudis d'être venu en Italie; je le conçois maintenant : c'est ici qu'ont dû naître le Dante, le Tasse, l'Arioste, Manzoni. Qui n'admirerait la prodigieuse, l'inépuisable richesse d'imagination des Italiens? Le ciel, l'enfer, la terre, nos douleurs trop réelles et nos joies trompeuses, l'amour, la gloire, le christianisme enfin dans ce qu'il y a de plus naïf et de plus sublime, et cette foule d'images, de symboles gracieux ou magnifiques qui sont comme un second langage parlé aux yeux, tout a été compris, exprimé, chanté par les Italiens. Sous l'influence immédiate de l'épouse du Christ, de la mère des fidèles, l'Italien a plus de lumière dans l'intelligence, plus d'amour dans le cœur, plus de paix, plus de douceur dans toutes les relations de la vie. Si l'Italie n'a pas, sous le rapport politique, la dignité que donne l'indépendance, elle n'en est pas moins la patrie universelle des intelligences. Et n'est-ce point pour cette raison que tant d'exilés, tant de cœurs blessés, et même tant d'heureux selon le monde, et qui font partie de grandes et puissantes nations, viennent chercher chez elle des lumières et des consolations qu'ils ne trouvent point dans leur propre patrie?

LETTRE XXIX

Florence, 29 décembre 1833.

Je ne veux point partir d'ici sans te dire un petit mot, ma Louisa; il y a plus de quinze jours que je n'ai reçu de tes nouvelles. Je t'ai écrit à toi et à tes frères au moins vingt lettres depuis mon départ de Bruxelles; je voudrais savoir si la poste est exacte, et si vous avez tout reçu; sinon je m'en plaindrai au grand-duc de Toscane, au duc de Lucques, au roi de Sardaigne, au canton de Soleure, au canton de Bâle, au grand-duc de.... Si donc tu veux éviter que je n'aie querelle avec tous les sus-nommés, dis-moi si vous avez reçu au moins vingt lettres de moi.

J'ai fait connaissance ici avec un jeune M...., neveu du célèbre prédicateur dont tu aimais à entendre les discours. C'est un jeune homme intéressant, qui se destine à l'état ecclésiastique; il est retourné à Rome au collége anglais, où je le retrouverai. J'aime la jeunesse quand il y a chez elle de l'âme et de l'esprit; je ne suis pas du tout de l'avis du proverbe : *Si jeunesse savait ! si vieillesse pouvait !* Si jeunesse savait, elle ne vaudrait plus rien, elle ne serait plus jeunesse; c'est justement cette naïve confiance dans la bonté et la loyauté des hommes, qui la rend capable de tant de bonnes et grandes choses; mais si l'on avait à vingt ans l'expérience de cinquante, si l'on savait que tout est mécompte sur la terre, que l'amitié, l'amour de tout ce qu'il y a de plus généreux dans le cœur de l'homme est trahi par l'indifférence, l'insensibilité, l'ingratitude, oh ! mon Dieu, ce serait à mourir avant de commencer à vivre !... Non, non, la jeunesse n'est bonne que parce qu'elle ne sait pas, et qu'elle n'a pas notre amère expérience....

Dis à Amédée de ne jamais prononcer le nom de Luca de la Robbia sans ôter son chapeau; on peut être autrement parfait, mais jamais supérieur à cet homme admirable. Ah ! qu'il m'a bien fait comprendre que l'adoration est le rapport intime de notre âme avec Dieu, le sentiment le plus délicieux que l'on puisse éprouver !

Je vous bénis, mes chers enfants.

LETTRE XXX

Pérouse, 2 janvier 1834.

J'ai couché avant-hier à Arezzo, patrie de Pétrarque; j'ai vu, en passant à Castiglione, Cortone, patrie de Pierre de Cortone,

vieille ville étrusque sur une hauteur et que j'aurais voulu visiter. J'ai longé le lac de Thrasimène, et j'ai passé sur la chaussée étroite traversée par le Sanguinetto, ainsi nommé peut-être à cause du sang versé sur ses bords; c'est là qu'Annibal battit si bien cet imbécile de Flaminius. Sur la hauteur, on voit encore une vieille tour que l'on appelle la tour d'Annibal.

Montez, montez toujours, montez encore, vous n'y êtes pas; il m'a fallu deux bœufs et quatre chevaux pour me tirer jusqu'au sommet de la hauteur sur laquelle Pérouse est placée. Mais alors vous jouissez d'une vue extraordinaire; devant vous un océan de montagnes! Faisons ensemble le tour de la vieille Pérouse. D'abord deux belles portes antiques : l'une, la porte Grimana, dite l'arc d'Auguste, grandiose, flanquée de deux tours; l'autre, la porte Romana, d'une belle architecture romaine, bien conservée. Les murs de la ville et la citadelle imposante élevée par le pape Paul III, sont l'œuvre de Bracchio Forti Bracci; dans l'intérieur, sur la place, le vieux palais gothique, et dans ce palais, la salle ou bourse dite del Cambio, décorée d'admirables peintures à fresques du Pérugin. C'est là qu'il faut apprendre à connaître le Pérugin; il se montre véritablement le maître et l'égal de Raphaël, son illustre élève. Malheureusement il y a peu de jour dans cette salle; il faut une double, une triple lumière pour voir ces fresques noircies et endommagées; il faut du soleil à flots, il faut en être inondé. Sur la place, une belle fontaine de Jean de Pise, et tout près une noble et gracieuse statue en bronze du pape Jules III, par le Danti.

J'ai vu la galerie du baron della Penna; j'y ai remarqué un beau paysage de Salvator Rosa qui me paraît le peintre de la Méditerranée, et un autre tableau du même artiste, d'un genre tout différent; c'est une scène nocturne de diablerie, originale d'invention et d'un grand effet. C'est un homme étonnant que Salvator! Si l'on me donnait à choisir entre tous les paysages que j'ai vus, de Ruisdael, de Rubens, de Claude Lorrain, etc., sans hésiter, je prendrais le magnifique Salvator Rosa de la galerie Pitti; c'est un tableau de très-grande proportion, d'une beauté inexprimable. Mais revenons à Pérouse; elle en vaut bien la peine. Il faut voir, à la sacristie de la cathédrale, d'admirables têtes du Pérugin, de belles ciselures en bois, d'après les dessins de Raphaël, et ne pas oublier la charmante façade de l'église dite *Chiesa Nuova*, enfin l'académie des beaux-arts. Pérouse n'est pas seulement la patrie du Pérugin, elle est encore celle de Galeaz-Alessi, ce grand architecte qui a couvert Gênes de magnifiques palais, et qui est à Michel-Ange, son maître, sous le rapport de l'architecture, ce que Van Dyck est à Rubens sous le rapport de la peinture. Il y a encore d'autres choses curieuses à Pérouse, mais je n'ai pas le temps de tout dire. Demain, je vais coucher à Terni; je m'y arrêterai une matinée pour aller voir la cascade. Puis Rome!....

LETTRE XXXI

Civita-Castellana, 3 janvier 1834.

Mon cher Charles, j'ai parlé à Amédée de Pérouse; et à toi, je parlerai de Terni, où j'ai couché hier. Entre des rocs escarpés, dont les vives arêtes se mêlent pittoresquement à l'âpre chêne vert, serpente un torrent fougueux, battant les rocs, faisant retentir l'air de ses mugissements. La grande voix des eaux répond à la sauvage harmonie du site; de loin jaillit une blanche écume; vous avez devant vous le Staubach et le Reinchenbach, réunis en une seule chute d'eau. Qu'elle est belle cette brillante cascade! J'en ai parcouru tous les abords, je l'ai pour ainsi dire cernée de mes avides regards; il me semble voir encore cette pauvre Néra qui arrive lentement, tremblant, ce semble, devant le sort qui l'attend; d'un bond, le Vélino se jette sur elle, l'emporte en tourbillonnant, tonne, éclate, et roule avec enthousiasme ses flots blanchâtres à travers les rocs fracassés.

Je ne sais comment font pour être si jolies ces petites villes des Etats du Pape, Spello, Spolette, Terni, Narni. Toutes à mi-côte, adossées à un grand arc de cercle, elles ont devant elles un vaste amphithéâtre de montagnes à plusieurs lieues de distance. Vite, une toile, des pinceaux, ô Narni, que je fixe à jamais devant mes yeux ton site enchanteur! Je ne parlerai même pas de ta porte gothique avec ses deux tours, ni de ta citadelle si joliment crénelée, si bien située, ni de la grande arche de ton pont antique sur lequel passait la voie Flaminia. Que je serais heureux si je pouvais retracer à mon imagination ta belle et profonde vallée! Entre deux chaînes de montagnes coule la Néra, dont un cours de plusieurs lieues a calmé les eaux agitées par le Vélino, et qui ne conserve plus qu'une aimable vivacité. Qu'elles sont belles ces montagnes qui l'enserrent dans sa course! Quelques têtes de rochers se lèvent entre des manteaux de verdure que la vue caresse avec amour; de la base au sommet, nul intervalle aride ne heurte l'œil enchanté; dans le lointain se dessinent en demi-cercles de nouvelles montagnes couronnées de cimes pittoresques. J'aime cette grandiose, sauvage et riante nature.

Mon cher Charles, il est des gens qui voyagent pour pouvoir dire aux autres J'ai vu! Moi je voyage pour pouvoir me dire à moi-même J'ai vu. Aussi j'observe tout, je voudrais tout connaître, tout pénétrer; la nature, les arts, les mœurs du peuple, tout a pour moi un vif intérêt.

Je veux te citer un trait qui m'a paru caractéristique. Je logeais à Pérouse chez un brave aubergiste, amateur de tableaux : plusieurs m'avaient vivement tenté, et je lui en achetai quelques-uns pour un prix raisonnable. Mais je n'avais pas assez d'argent pour le payer tout de suite; je le dis à l'aubergiste : « Cela m'est égal, me répondit-il; voici le nom d'un négociant de Rome, votre excellence (1) voudra bien lui remettre ce qu'elle me doit.

— Mais, lui dis-je, vous n'avez pas marqué sur l'adresse que vous me donnez la somme dont je vous suis redevable.

— Cela m'est égal, continua-t-il, votre excellence le lui dira elle-même. »

Ainsi voilà un homme qui ne m'a jamais vu, qui n'a aucun titre contre moi, qui se livre entièrement à ma bonne foi; il faut que j'aie l'air d'un bien honnête homme!... Eh bien, cette conclusion, je n'y suis pas arrivé d'abord; il m'a paru, il me paraît encore que cette naïve confiance honore plus encore celui qui la montre que celui auquel on la montre.

Bonsoir, mon cher fils; je me fais une fête d'arriver à Rome, non-seulement pour Rome même, mais pour trouver des lettres de mes chers enfants que j'embrasse.

(1) On sait qu'en Italie on prodigue le titre d'excellence.

LETTRE XXXII

Rome, 4 janvier 1834.

Gloire à Dieu au plus haut des cieux, paix sur la terre aux hommes de bonne volonté! me voici à Rome! Je ne mourrai donc pas sans y avoir été; il me semble que dans le ciel même ce souvenir me réjouira.

J'allais passer le Tibre près de Borghetto, sans y penser, comme si ce n'était que de l'eau, lorsque heureusement je me suis rappelé que le Tibre coulait à Borghetto. Plus on avance vers Rome, plus la campagne devient triste et sévère, comme pour ne pas vous distraire des graves pensées que doit inspirer la ville éternelle. Cette reine de la solitude ne vous apparaît qu'à une distance de trois à quatre lieues. *Une âme contemplative*, dit le prophète, *se fait à elle-même une solitude.* En vérité, il semble que cela s'applique, même matériellement, à cette capitale du monde, que l'univers contemple et qui contemple l'univers.

Quand je l'aperçus, j'éprouvai une grande émotion. « Voilà donc, me disais-je, cette ville deux fois maîtresse du monde, la première par les armes, la seconde par la foi; et ce second empire, tout intellectuel, est aussi supérieur à l'empire brutal de la force que l'âme au corps. Je ne conçois rien à ces lamentations qu'inspirent à certains hommes les soi-disant malheurs de *la veuve du peuple roi*, la misère actuelle de cette reine déchue de son antique gloire. Beaucoup de voyageurs ont dit à ce sujet d'éloquentes sottises. Est-ce que par hasard on regretterait que Rome ne soit plus conquérante comme au temps du paganisme?

Rome est plus que jamais la reine de l'univers; c'est elle qui a enfanté tous les peuples à la civilisation véritable; et les nations qui ne sont point nées d'elle, qu'elle n'a point baptisées, nourries, élevées, confirmées dans la foi, quel rang tiennent-elles parmi les nations civilisées? Celles même qui furent pendant quelque temps ses enfants soumis, que sont-elles devenues depuis leur révolte?

Voyez les états schismatiques, hérétiques, *protestant contre Rome!* Demandez aux artistes, aux philosophes, aux amis d'une sage liberté ce qu'il en coûte pour se séparer de cette bonne mère! La philosophie se perd dans les rêves, dans de vaines abstractions; les arts voient tarir la source de leurs plus belles inspirations; la liberté! il n'y en a plus pour ceux qui ont fui l'empire du Libérateur des hommes et des sociétés. Enfants prodigues, ces peuples ne retrouveront le bonheur qu'ils ont perdu qu'en revenant à la maison paternelle.

Telles étaient mes pensées en approchant de Rome. Aujourd'hui 4 janvier, j'y suis entré en fils respectueux qui vient offrir de tendres hommages à une mère chérie. En descendant de voiture, je n'ai pas perdu un instant; d'un bond j'étais à Saint-Pierre. La colonnade circulaire qui sert de portique m'a vivement frappé. Sur le pourtour sont rangées en grand nombre des statues de saints évêques, de saints pontifes autour de saint Pierre leur centre. *Voilà notre chef*, semblent-ils vous dire, *nous sommes ses lieutenants; venez à lui, vous tous ses enfants fidèles, et vous aussi qui avez eu le malheur de ne pas connaître son bienfaisant empire. Comme Celui dont il est sur la terre le représentant visible, il tend les bras à l'univers.*

Au milieu de la place Saint-Pierre est un obélisque surmonté de la croix. Qu'elles sont belles les inscriptions gravées sur les quatre faces! Sur celle qui regarde l'entrée de la place, on lit ces mots : (Je traduis.)

Voilà la croix du Seigneur! Fuyez! vous qui êtes ses adversaires : Il a vaincu le Lion de Juda!

Sur la face qui regarde l'église, ces mots :

Le Christ triomphe, le Christ règne, le Christ commande, et délivre son peuple de tout mal!

Sur une des faces latérales :

Sixte-Quint, souverain-pontife, a fait transporter aux pieds des saints apôtres l'obélisque du Vatican qu'un culte impie avait voué aux dieux des nations.

Sur l'autre face latérale :

Sixte-Quint, souverain-pontife, a consacré à la Croix victorieuse l'obélisque du Vatican, purifié désormais de l'impure superstition.

Ainsi, tout sur cette place, et avant même d'entrer à Saint-Pierre, tout annonce et proclame le triomphe de la Croix; triomphe glorieux qui apprend à tous les peuples de l'univers quelle est l'invincible puissance du *Roi des rois*, du *Dominateur des dominateurs de la terre;* triomphe consolant qui rappelle aux chrétiens le règne miséricordieux du Christ; triomphe dans le passé sur le paganisme vaincu au centre même de son empire; triomphe éternel qui descend du ciel et remonte au ciel!

Plein de ces pensées, j'avançai vers Saint-Pierre, qui se montrait à moi avec toutes ses portes ouvertes, noble symbole de la religion, toujours ouverte à l'innocence ou au repentir, à l'ignorance qui veut s'instruire comme à la science qui s'humilie. J'entrai dans 'église; et ici encore, je dois le dire, mes impressions furent toutes différentes de ce que l'on m'avait annoncé. On m'avait dit que l'immense étendue de la basilique ne frappe pas au premier abord; que ce n'était qu'en y réfléchissant que l'on comprenait à quel point elle est vaste et spacieuse. Pour moi, voici ce qui m'a pour ainsi dire sauté aux yeux. Chaque espace ouvert entre les arcades, dans la largeur de l'édifice, suffirait en longueur, largeur et hauteur, à une grande église avec ses chapelles et son dôme; de sorte que Saint-Pierre n'est pas seulement un temple immense, mais comme la réunion de plusieurs églises, toutes très-vastes, en une seule; et n'est-ce pas encore là la véritable expression de l'Eglise romaine, mère et couronne de toutes les Eglises?

Oui, tout ici porte le caractère d'*universalité.* Sur les confessionnaux vous lisez : *pour les Français*, — *pour les Espagnols*, — *pour les Portugais*, — *pour les Hongrois;* et ainsi de suite pour tous les peuples chrétiens. Saint-Pierre est réellement et symboliquement le point central, l'unité de *ces tribunaux de miséricorde qui justifient ceux qui s'accusent* (selon la sublime expression de Bossuet). Vous passez devant les confessionnaux où siégent les pénitenciers armés d'une longue baguette! Je me suis agenouillé avec bonheur devant cette verge expiatrice qui me semblait une application touchante et comme une image de cette parole du Christ : *Mon joug est doux*, *et mon fardeau est léger.* A Saint-

Pierre, on se sent plus heureux encore d'appartenir à la grande communion des chrétiens. Si la basilique de Saint-Pierre n'était plus, la majesté du catholicisme perdrait, ce semble, quelque chose.

Les amateurs des arts, qui sont souvent d'assez pauvres gens et passablement ridicules dans leurs observations microscopiques, vont à Saint-Pierre, discutant en détail les beautés et les défauts de chaque statue, de chaque tableau. Pour moi, je dois dire que je n'ai d'abord été frappé que d'une chose : c'est du caractère grandiose, incomparable de cette église, qui, elle aussi, semble mère et maîtresse de toutes les églises. Les défauts de détails qui choqueraient ailleurs au milieu de petites proportions, se perdent, disparaissent ici dans l'immensité; on ne voit, on ne sent qu'une chose, le sublime!

En voilà assez, mon Alfred, pour une première fois; quand on a vu Saint-Pierre, il faut se recueillir et ne pas profaner l'heureuse impression que l'on a reçue.

LETTRE XXXIII

Rome, 6 janvier 1834.

Depuis le coup affreux qui m'a frappé, j'avais perdu tout bonheur; je n'ai pas eu, depuis que Dieu a rappelé à lui cette âme si digne de lui, un seul moment de cette joie intime que l'on sent si bien, mais que l'on ne peut définir. Eh bien, ma Louisa, je l'éprouve de nouveau, cette joie, mais sous une autre forme : Rome parle si puissamment à mon âme, j'y sens et j'y pressens de si vives jouissances, qu'une vie nouvelle m'anime; une joie inconnue pénètre mon cœur. Si tu pouvais venir me retrouver au mois d'octobre de cette année et passer l'hiver prochain avec moi, je ne quitterais pas l'Italie avant deux ans peut-être. Ici je sens mieux le don que le Ciel m'a fait en te donnant à moi, mon enfant bien chérie. Ah! Dieu est bon, et je le remercie, et de l'épouse, et de la fille, et de tous les enfants qu'il m'a donnés.

Depuis mon arrivée, ma fille, je suis retourné plusieurs fois à Saint-Pierre ; loin de toi, loin de vous tous, Saint-Pierre est pour moi un père, une mère, un frère ; il me tient lieu de famille. Si je ne vous avais pas, mes chers enfants, je vivrais ici en présence du paganisme vaincu et du christianisme dans son doux triomphe.

Tu ne peux imaginer les pensées que la vue de tant de monuments inspire à chaque instant. Il ne faut pas croire que l'on n'arrive à ces réflexions que par une lente méditation ; elles se présentent en foule, elles se pressent, elles vous envahissent comme malgré vous. Excitée par tant d'objets d'un si vif intérêt, mon imagination me fatigue, elle coule comme une fontaine ; Rome est la baguette de Moïse qui fait jaillir l'eau du rocher. Singulier état ! Je suis souffrant et triste, quoique joyeux de me trouver à Rome. Comme un torrent qui précipite son cours à travers tous les obstacles qu'il renverse sur son passage, mon imagination brise en quelque sorte les organes qui lui servent d'enveloppe ; mes impressions m'enivrent. Heureux qui peut remettre dans son étui l'instrument dont il a tiré des sons harmonieux ! Mais que serait-ce donc si rien ne pouvait arrêter, si tout excitait un frémissement continuel ?

Je n'éprouve un peu de repos que dans les églises. Je suis si heureux, je me sens si heureux d'être catholique ! Ici je vis sous le règne visible et sensible de saint Pierre, de saint Pierre que j'ai toujours tant aimé ! Aussi, lorsque je vais à l'église Saint-Pierre, je n'ai pas besoin d'apporter de livre de prière. Je dis à Dieu : « Sondez le fond de mon cœur ; je suis bien faible, bien coupable ; mais je vous aime, je vous remercie de m'avoir fait naître au sein de votre Eglise ; purifiez mon cœur, ô mon Dieu, pour qu'il devienne digne de l'hommage que je vous offre. »

Avec quel bonheur je répète mon *Credo !* En vérité, la foi est ici bien plus facile qu'ailleurs. *Je crois en Dieu tout-puissant, et en Jésus-Christ, son Fils unique, Notre-Seigneur.* Je suis au centre de son empire sur la terre, sous les yeux de son auguste représentant : ici Jésus-Christ règne visiblement sur les ruines du paganisme détruit ; autour de Rome sont tombées toutes les hérésies ; jamais aucune erreur n'a pu l'atteindre ; nulle tache dans le soleil !.... *Je crois au Saint-Esprit, à la sainte Eglise catholique.* C'est d'ici que partent les rayons de cette Eglise qui éclaire l'univers, vivifie les peuples, fait naître et mûrir la civilisation. *La communion des saints.* N'est-ce pas ici qu'elle existe en sa plus haute puissance? n'est-ce pas ici le centre de l'unité qui *relie* tous les chrétiens dans leur chef commun? *La rémission des péchés.* Ah! c'est de Rome que partent tous ces missionnaires du Christ, auxquels il a été donné de remettre les péchés. *La vie éternelle.* Et Rome, avec ses dogmes, son culte, ses espérances immortelles, Rome est une image de la vie éternelle.

J'ai retrouvé ici mon jeune M.... au collége anglais; il me présentera à son oncle, au cardinal Micara, au P. Ventura; il me fera faire connaissance avec un peintre allemand nommé Overbeck, le restaurateur de la peinture religieuse. Je verrai Rome dans ce qu'elle a de plus intéressant pour une âme méditative : ses monuments, ses hommes instruits, ses prélats. Pour les salons, j'en fais peu de cas. Quelle pauvre espèce que celle des hommes de salon par tous pays! Et cependant ces gens-là se croient les représentants de la société humaine; trop souvent ils n'en sont que l'écume brillante et légère, et, comme elles, se montrent à la surface.

Adieu, chère et bien-aimée Louisa, je t'embrasse et te bénis.

LETTRE XXXIV

Rome, 7 janvier 1834.

Que Rome est bien la ville éternelle, mon Alfred! comme en elle tous les temps sont réunis, et quelles instructives leçons ressortent de leur rapprochement dans cette capitale du monde! Toute l'histoire du genre humain est écrite ici en grands caractères : la perversité de l'homme, la justice, la miséricorde de Dieu. « Ecrase les nations, peuple orgueilleux, soumets-les à ton joug de fer, pétris leur sang, verse-le dans les combats, verse-le dans tes jeux; élève jusqu'au ciel le magnifique témoignage de tes féroces jubilations; montre-nous ce qu'est l'homme abandonné au délire de ses passions; triomphe, que rien ne te résiste! Que dis-je?

que tout serve à constater tes victoires! Voici venir des peuples qui sont restés vierges de ta corruption et de la servitude que tu faisais subir à tous ceux que tu pouvais atteindre; ils viennent venger l'univers de son long esclavage; ils t'écraseront aussi, toi qui écrasais l'univers; ils briseront tes édifices, ces monuments d'une gloire que tu croyais impérissable comme ton empire; ils n'en laisseront que ce qui servira à rappeler ton châtiment! »

Mais la justice divine est satisfaite. La miséricorde paraît après elle, et la couronne de sa douce victoire. Une Rome nouvelle s'élève sur les ruines de l'antique Rome; elle a aussi vaincu le monde, mais ses victoires n'ont coûté ni sang ni larmes; ceux qu'elle soumet à son empire, elle ne les opprime pas, elle les délivre; elle aussi, cette Rome nouvelle, a ses temples, ses palais, tous consacrés au soulagement des misères humaines. La croix arrosée du sang de l'Homme-Dieu épure, purifie le sang impie versé par la main de l'homme! Au milieu du Colisée s'élève une croix de bois : c'est une croix de bois qui a vaincu le monde! Et tout autour d'elle de petites chapelles qui rappellent la voie douloureuse du Sauveur. L'empreinte de ce sang si pur, mêlé au sang des martyrs qui était comme une effusion continuée du sang du Christ versé en eux, lave, efface les souillures de l'orgueil et de ses cruelles voluptés! Avais-je raison de te dire que Rome réunit tous les temps, tous les lieux, toutes les leçons que peuvent donner la terre et le ciel?

Ces réflexions m'ont été inspirées à la vue du Colisée. Voilà donc, me disais-je, le plus grand monument que le paganisme nous ait laissé de son règne, comme Saint-Pierre est le plus grand monument du christianisme. Voilà les deux religions en présence et en quelque sorte en regard l'une de l'autre. Ici on versait le sang des hommes en l'honneur des dieux et pour l'amusement des hommes; le paganisme donnait le seul présent qu'il pût faire : la mort! Près du Colisée sont encore d'autres souvenirs du paganisme : les arcs de triomphe du peuple-roi, les thermes, les palais des Césars, destinés aussi à la profusion du sang; car la débauche n'est pas autre chose. Tournez les yeux; reportez-les, ou plutôt reposez-les sur les monuments élevés par le christianisme, tout à côté et souvent sur les ruines de ceux du paganisme. Ce n'est pas la mort que donne notre religion, c'est la vie, la vie à l'âme, le soutien de la vie physique; et la mort elle-même n'est pour elle qu'un passagé à une meilleure vie, une nouvelle et immortelle naissance. « Nous vous offrons tout ce que nous pouvons donner dans cette vie, dit le christianisme : des hospices pour l'enfance abandonnée, des asiles aux vierges, des refuges aux opprimés et à ceux qu'oppriment des passions violentes qu'ils ne peuvent dompter que par le secours divin, la nourriture à ceux qui ont faim, des vêtements à ceux qui en manquent, des lumières, des consolations à ceux qui souffrent, l'espoir d'une meilleure vie, l union du temps et de l'éternité. »

O Rome ! je te dois les seuls moments de joie intime que j'aie goûtée depuis la perte de cet être chéri qui a laissé dans mon âme un doux mais déchirant souvenir. Oui, ici je me sens en communication avec l'humanité entière dans ce qu'elle a de plus noble, de plus digne de notre amour ; ici le présent m'explique le passé et me promet l'avenir, un avenir qui ne s'effacera plus et qui effacera toutes nos larmes.

LETTRE XXXV

Rome, 9 janvier 1834.

Je viens d'écrire à Elisa, qui te communiquera ma lettre et à laquelle tu communiqueras la tienne. Je ne suis pas encore bien installé à Rome, et les premiers jours, je les emploie à bien reconnaître les lieux que je dois habiter. J'étudie, pour ainsi dire, la physionomie de la ville dans laquelle je dois séjourner. Il m'est plus facile ensuite d'entrer dans les détails ; je me suis toujours bien trouvé de cette méthode. Quant à la physionomie des villes italiennes, en général, elles présentent deux aspects : l'un fort laid, et l'autre fort beau et fort curieux. D'une part, une dégoûtante malpropreté dans les rues, à la porte et même jusque sur les escaliers des maisons et des palais.

Rien sous ce rapport ne rappelle la Belgique. Le plus petit cabaret de la Belgique est plus propre que le plus beau palais italien (j'entends jusqu'à ce que l'on soit parvenu dans les appartements).

Si l'on veut réellement jouir de ce que l'Italie offre d'intéressant, il faut *dépouiller le vieil homme*, c'est-à-dire abandonner ses souvenirs, ses impressions habituelles, et se livrer franchement à l'impression de ce qui s'offre à nous de si curieux et de si intéressant. Le voici maintenant, cet autre aspect dont je parlais. Au dehors, les plus belles proportions d'architecture, un grandiose, une variété dont on ne cesse de s'étonner; au dedans, toutes les richesses des arts. Il y a de quoi étudier, admirer toute sa vie; mais ce n'est pas seulement le développement des arts qu'il faut étudier, c'est encore, c'est surtout l'influence de la religion catholique sur le caractère, sur l'esprit et le cœur des Italiens.

Chez toutes les nations règne un esprit particulier, local, national en un mot, et cela est assez concevable. L'orgueil national altère trop souvent jusqu'à l'enseignement religieux, témoins le gallicanisme en France, le joséphisme en Autriche et en Allemagne. Joignez à cela un esprit *de critique* qui atteint tout ce qui ne rentre pas dans les préjugés nationaux, esprit qui atténue notablement l'intelligence et l'amour de la vérité. En Italie, à Rome surtout, on regarde les nations étrangères non dans leur rapport avec l'Italie, avec la littérature italienne, avec la philosophie italienne, mais dans leur rapport avec la vérité universelle, avec cette vérité que l'homme n'a point faite, point diminuée par des opinions particulières. Ce ne sont point des conquêtes sur les autres nations que l'on rêve ou qu'on se rappelle; je me trompe, ce sont des conquêtes, mais toutes intellectuelles et morales, plus utiles à ceux sur qui elles s'exercent qu'à ceux mêmes qui les font. On est ici très-juste appréciateur des qualités et défauts des nations étrangères. On les juge, ces nations, avec toute justice, plus ou moins avancées dans la civilisation, selon qu'elles sont plus ou moins avancées dans la connaissance et l'amour de la religion. De là résulte une disposition toute contraire à ce qui existe chez bien des peuples : au lieu d'un esprit critique, un esprit d'amour et de charité universelle. Les Italiens sont généralement, je pourrais presque dire universellement, bien plus disposés à l'admiration qu'à la critique, et cela même est un de leurs caractères distinctifs, peut-être même leur caractère principal. Ajoutez que l'on vit en Italie au milieu des chefs-d'œuvre des arts anciens et modernes, chefs-d'œuvre sans cesse admirés, sans cesse étudiés, et qui sont le noble et innocent sujet de toutes les conversations. Ah! j'aime cette belle et bonne disposition d'âme chez les Italiens, elle m'enchante. Oui, la religion a ici une influence qui n'a pas été observée. Le peuple même, qui paraît aussi misérable qu'ailleurs, a cependant l'air heureux et satisfait. On ne rencontre presque pas ici de ces physionomies tout à la fois viles et haineuses que l'on rencontre si souvent à Paris, chez les gens de la basse classe. Je n'ai jamais vu les gens du peuple, même les plus grossiers, se battre entre eux; je ne les ai jamais entendus jurer. Voilà des traits caractéristiques.

Lis tous ces détails à Henri et à M. de Man, qui a conservé tant d'amour pour l'Italie. Cela est bon à dire et à savoir; on n'a pas jugé l'Italie.

Tout ce que je remarque, je ne l'avais lu nulle part : cela me confond. A quel point l'esprit du christianisme, qui est encore toute autre chose qu'une étroite quoique sincère dévotion, à quel point cet esprit était-il donc éteint en France surtout, puisque je suis frappé de choses qui n'avaient été remarquées par personne que je sache !

Quand je serai dans mon nouveau logement, je prendrai un maître de langue italienne. Je suis honteux de ma grossière ignorance en ce genre; je n'ai pas appris trois phrases italiennes depuis que je suis dans ce pays-ci, et je ne sais pas cinquante mots italiens. J'en rougis, et cela est fort incommode; à tout moment vous vous trouvez embarrassé dans les rues, vous ne pouvez vous faire comprendre. Je comprends mieux ce que l'on me dit. Une chose amusante ici, c'est de trouver dans la bouche des enfants à peine sortis du berceau les plus grands souvenirs de l'histoire. Dernièrement, près de Saint-Jean-de-Latran, un petit enfant qui me venait à la botte (il avait six ans au plus) me dit en italien : « *Signor*, voulez-vous voir le baptistère de Constantin ? » et il ajouta, avec une gravité majestueuse tout à fait comique : *imperatore !...*

LETTRE XXXVI

Rome, 10 janvier 1834.

J'ai mandé à Elisa, mon cher Amédée, combien j'étais enchanté de mon appartement. M'y voilà tout installé ; j'y suis à merveille.

Oui, n'en déplaise à messieurs les Parisiens, il pourrait y avoir deux Paris, dix Paris même, mais Rome est et restera à jamais unique et incomparable. Cette double Rome, ce siége d'un empire de lumière et d'amour, Rome pacifique, noblement assise sur les ruines de Rome guerrière et conquérante, comme ce spectacle parle à l'âme ! Ici, de sublimes, d'extraordinaires harmonies ; la majesté du ciel répond à la majesté des souvenirs et à celle des monuments. J'ai été me promener hors des portes de la ville. De beaux palais, les imposantes ruines de l'antiquité ressortaient sous un ciel d'un bleu foncé et pur. Dans le lointain, la teinte des montagnes se confondait avec celle des nuages ; à peine si l'œil pouvait distinguer, à un trait léger, le point où finissait la terre, où commençait le ciel, et c'était en plein jour ! Au milieu de ces belles montagnes, une colline brillait de mille teintes pourprées, diaprées, portant à sa cime, comme un bouquet charmant, un groupe de maisons et de villas d'une éclatante blancheur. Ici le ciel semble avoir avec la terre des rapports plus intimes ; il l'enveloppe et la voile, en quelque sorte, d'une harmonieuse et transparente lumière ; il fait briller sur elle mille nuances aussi riches que gracieuses, noble image de l'influence de la religion sur les empires soumis à sa loi, sur les lettres et sur les arts. Si tout cela n'existait pas, je te le jure, il me serait impossible de l'imaginer.

J'ai été voir le Panthéon d'Agrippa, aujourd'hui l'église de Sainte-Marie-des-Martyrs, consacrée à la Vierge et aux Martyrs. Saint-Pierre, le Panthéon et le Colisée, sont les trois plus beaux monuments de Rome, et c'est le Panthéon qui a inspiré le dôme de Saint-Pierre. « Je l'élèverai dans les airs ! » dit Michel-Ange ; mot sublime qui a produit une œuvre sublime. Le Panthéon, élevé dans les airs à Saint-Pierre, semble aussi, par sa forme circulaire, exprimer symboliquement la tiare pontificale, qui est comme le dôme de toutes les mitres épiscopales. Il n'y a pour le culte chrétien que deux espèces d'architectures : l'architecture gothique, sévère, sublime, mystérieuse ; et l'architecture italienne avec ses dômes majestueux, avec toutes les richesses des arts, tableaux, statues, bas-reliefs, avec ses profusions de marbre, de matière d'or et d'argent, de pierres précieuses, qui sont comme l'hommage à Dieu de tout ce que la terre renferme de trésors, de tout ce que les arts peuvent enfanter de sublimes et gracieuses images.

Cette architecture devait naître en Italie, patrie des arts et de la religion. Tout près du Panthéon, l'église de la Minerve. Chose remarquable, dans cette église se trouve une superbe statue de Michel-Ange ; elle représente le Christ irrité et comme armé de sa croix. Eh bien, telle est l'influence du christianisme, qu'à travers l'expression irritée du Christ, règne encore sur son visage une céleste douceur. Le Sauveur ne semble menacer que le pardon sur les lèvres, tant la miséricorde lui est inhérente. Avoue que Rome seule dans le monde offre de pareilles choses.

Je ne t'ai pas parlé d'une visite intéressante que j'ai faite à un peintre bien célèbre en Allemagne et ici, Overbeck, le restaurateur de la peinture religieuse. Il s'attache aux formes si naïves de la peinture à l'époque de la renaissance, aux Giotto, aux Pérugin, et, comme ces grands peintres, il est pénétré d'un tendre esprit de piété. Un tableau auquel il travaille maintenant me paraît d'une bien belle conception; c'est l'influence de la religion sur les arts, exprimée allégoriquement. Dans le ciel, la sainte Vierge est comme le centre lumineux de cette vaste composition. Sur ses genoux est assis l'enfant Jésus; elle tient en sa main une plume, prête à écrire le *Magnificat*, et représente la poésie, type et couronne de tous les arts. Sur un plan un peu inférieur, toujours dans les cieux, le peintre a représenté, dans l'attitude de l'adoration, d'un côté les rois David et Salomon, de l'autre saint Luc et saint Jean. David tient sa harpe en main et représente la musique; Salomon, le fût d'une colonne et un bas-relief du temple de Jérusalem, il est censé représenter la sculpture; saint Luc, conformément à la tradition, tient à la main un pinceau et la toile du peintre, il représente la peinture; saint Jean montre le plan de la Jérusalem céleste et représente l'architecture; les arts sont ainsi placés sous la protection du Ciel. Descendons au plan inférieur : sur la terre s'élève une magnifique fontaine dont la gerbe jaillit dans les airs, illuminée par l'arc-en-ciel qui se réfléchit en elle; les eaux pures et abondantes retombent dans des bassins de forme noble et gracieuse; autour de cette magnifique source sont rangées les différentes écoles d'architecture, de sculpture et de peinture. Léonard de Vinci, entouré de ses principaux disciples, lève ses regards vers la lumière qui se réfléchit dans la gerbe d'eau jaillissante, et démontre les principes les plus élevés de l'art, pendant que le Titien, Paul Véronèse, les chefs de l'école vénitienne, regardent dans les eaux les reflets brillants de la lumière. Non loin de Léonard de Vinci, Raphaël ayant derrière lui ses plus illustres devanciers : le Giotto, l'Orgagna, Massaccio, Fra Bartholomeo. A l'entrée de ces groupes, le Dante récite aux artistes ravis les plus beaux chants de sa *Divine Comédie*. Du côté opposé, les chefs des différentes écoles de peinture allemande se tendent la main et se reconnaissent tous entre eux les disciples du même art. Charlemagne d'un côté, de l'autre le grand pape Grégoire, auteur du chant grégorien, et saint Ambroise, du chant ambroisien, apparaissent comme protecteurs des arts. Sur les degrés inférieurs de ce temple sont assis, dans l'attitude de la méditation ou ayant de nobles et sérieux entretiens entre eux, les chefs des écoles de sculpture et d'architecture, pendant que deux moines assis regardent attentivement deux belles miniatures peintes sur les vieux manuscrits. Cela n'est-il pas raphaëlesque d'invention, d'ordonnance et de sentiment? Mais que dis-je? l'école d'Athènes est loin de valoir cela, et peut-être aussi....

En voilà assez pour aujourd'hui, mon Amédée; je pense que Henri s'intéressera à la lecture de cette lettre.

LETTRE XXXVII

Rome, 10 janvier 1834.

Les étrangers, ma Louisa, surtout les non-catholiques, et tant de catholiques de nom qui sont en réalité des non-catholiques, sont très-plaisants à entendre sur l'Italie. Il faut te dire d'abord qu'on ne se croit pas ici le droit de punir la misère en l'emprisonnant, d'où il résulte que les pauvres se permettent de provoquer la charité des riches et de blesser leurs yeux délicats de leur ignoble présence. Or donc, un *forestiere*, dont les yeux délicats avaient sans doute été très-affligés du spectacle de la misère, et qui ne cessait de réclamer sur l'infériorité de la nation italienne comparée aux autres nations, me dit : « Comment pouvez-vous aimer ce vilain peuple? que dites-vous de ces lazaroni de Naples, de ces misérables à peine vêtus, ou même nullement vêtus, car il en est qui n'ont pas même de culottes? — C'est, lui répondis-je, que le soleil leur en tient lieu. — Parlasambleu, vous me la baillez bonne! Et pourquoi ces misérables sont-ils si gais, si chantants, si insouciants de la misère? — Et pourquoi ces Anglais si riches, si avides de jouissances, si habiles à se procurer tous les genres de *confortable*, sont-ils si tristes, si moroses? enfin pourquoi ont-ils le spleen, et finissent-ils souvent par le suicide, tandis que le suicide est presque inconnu en Italie? Pour moi, je fais beaucoup de cas du bien-être de l'âme; c'est un genre de confortable qui vaut bien l'autre. »

Sais-tu la définition du mot *confortable?* c'est le sobriquet de bonne compagnie que les gens de salon donnent à leur matérialisme.

J'aurais mille choses à te dire sur Rome, car tu penses bien que je ne reste pas oisif; je parcours Rome en tous sens, me promenant seul, mon livre à la main, allant au hasard, demandant quelle est cette église, ce monument? puis entrant, regardant, mettant mon livre en rapport avec mes souvenirs et surtout avec mes impressions personnelles, et lui donnant tort lorsqu'il n'est pas d'accord avec moi, en quoi j'ai parfaitement raison; en un mot, menant une vie de poëte, d'artiste, indépendante, rêveuse, oisive et très-occupée tout à la fois, pauvre aux yeux du monde, riche aux yeux de ceux qui ont une âme, amassant, recueillant, m'enrichissant beaucoup. Ma Louisa, que j'aime à regarder le ciel de Rome! il couvre la terre des plus riches couleurs. Non, rien n'est beau comme la vue de la campagne de Rome; les montagnes vous apparaissent revêtues d'un bleu si foncé et si pur! sur leurs cimes posent légèrement de belles masses de nuages bleus, blancs et.... roses, et le spectacle varie sans cesse. Enfin, je voudrais que les jours eussent quarante-huit heures, et cela ne serait pas trop... L'inspiration poétique ne me manque pas; mon âme est une harpe éolienne que Rome et ses grands souvenirs font résonner sans cesse. Tout ici parle à mon âme, le ciel, la terre, la campagne et la ville, le passé, le présent, l'avenir, les hommes et les choses. Mais tu me manques, ô ma fille chérie, rien ne te remplace; ta piété filiale est si douce au cœur affligé de ton père! Je te bénis, fille chérie, je te bénis mille fois, ainsi que ton époux, tes frères et sœurs, et t'embrasse de tout mon cœur.

LETTRE XXXVIII

Rome, 11 janvier 1834.

Je te parlais hier des pauvres que l'on retrouve tous ici dans les rues les plus fréquentées; on les dirait en nombre infini : eh bien, il y a en tout trois cents mendiants; c'est assurément peu de chose relativement à une population de cent quatre-vingt mille âmes; mais il y a quinze à vingt mille familles qui ont besoin d'être secourues; elles le sont toutes par la charité, par les couvents, même par les ordres mendiants, qui reçoivent la charité pour la donner. Aussi n'y a-t-il personne à Rome dénué de secours; tout le monde vit et vit bien; il en résulte une tranquillité générale : point d'émeute, point de révolte. Comparez cet état à celui de l'Angleterre, de la France, à Paris, à Lyon, où la misère pousse sans cesse des populations à s'insurger pour avoir du pain; on a détruit les couvents qui étaient les grandes *aumôneries* de la société.

Vous demandez à quoi servent les moines? Ils servent à vous donner du pain, à vous qui en manquez; et ils vous protégent, vous autres riches qui déclamez contre eux; ils vous assurent la ouissance paisible de votre fortune, ils vous sauvent des séditions de la faim. Les couvents sont les compagnies d'assurance de la société. En un mot, sans la religion la société ne peut subsister qu'avec l'esclavage et ses dures lois. Voulez-vous établir la liberté, établissez donc aussi ce qui seul peut l'assurer, car il y aura toujours des pauvres parmi vous; le nombre en augmentera même à mesure que vous ferez des lois qui, en apparence favorables à la liberté, lui sont essentiellement contraires. Et avec l'augmentation des pauvres, vous accroissez les dangers que court la société de la part de ceux qui sont mal partagés de la fortune. Oui, les couvents sont l'utile, l'indispensable intermédiaire entre la richesse et la misère; ils recueillent d'une main pour semer de l'autre; ils évitent à la société des chocs inévitables entre la grande opulence et la grande misère, partout où ces deux situations extrêmes sont en présence sans médiateur entre elles.

J'ai fait hier une promenade bien intéressante : j'ai été à la villa Mathei, sur le mont Aventin. De là on a une vue magnifique sur les ruines de l'ancienne Rome. Qu'elles sont vastes, étonnantes, ces ruines! Des aqueducs à perte de vue, des arcs de triomphe, des amphithéâtres, les restes des thermes, des palais des Césars.... Eh bien, une réflexion se présentait à mon esprit et dominait tous ces grands souvenirs. Rome antique offre partout le caractère de la grandeur, de la puissance : nul souvenir de bienfaisance; nulle trace de pitié, de pitié qui devrait cependant être un sentiment universel, car nous sommes tous si malades d'âme et de corps que nous devrions tous avoir pitié les uns des autres. Le *peuple-roi* n'épargnait rien pour ses plaisirs et pour éterniser le souvenir de ses victoires. Ses monuments sont orgueilleux comme le peuple qui les construisait. Que Rome chrétienne offre un tout autre caractère! Partout des églises qui rappellent les bienfaits des grands saints; partout des hospices; et les palais eux-mêmes, s'ils sont moins vastes que ceux des Césars, rappellent l'élévation des familles dont les membres sont parvenus au pontificat : élévation qu'ils ne dûrent qu'à leurs vertus et aux services qu'ils avaient rendus. Rome païenne était une ville conquérante qui faisait la guerre aux nations et aux individus qu'elle sacrifiait, même à ses plaisirs; Rome chrétienne est la ville pacifique, donnant la paix aux âmes, le soutien et la vie aux corps, amusant ses loisirs par la plus utile protection accordée aux beaux-arts. J'ai visité l'église de Saint-Grégoire; en face de cette église sont les ruines pittoresques et grandioses des palais des Césars. Ces palais me paraissent les temples abominables des vices couronnés et déifiés. A Saint-Grégoire, on conserve la table sur laquelle ce grand Pape donnait tous les jours à manger à douze pauvres pèlerins. Dans l'intérieur, de belles peintures rappellent la mission toute de bienfaisance que l'illustre pontife donnait à saint Augustin. Les chefs-d'œuvre du Dominiquin et du Guide récréent innocemment les regards; rien ne blesse, tout repose l'âme dans un pareil séjour. Admirons, je le veux bien, les monuments de l'antique Rome; mais aimons, bénissons les monuments de Rome chrétienne.

J'ai vu l église souterraine de Saint-Pierre : là sont enterrés des papes, des empereurs, de grands cardinaux; les Stuart y sont venus trouver un repos éternel après toutes les agitations de leur vie. J'y ai trouvé aussi le tombeau du grand Alof de Wignacourt avec une belle inscription que je copierai; ce souvenir a réveillé mes regrets de la mort de ce pauvre Armand. Qu'il serait fâcheux qu'un aussi beau nom vînt à s'éteindre!

LETTRE XXXIX

Rome, 12 janvier 1834.

Je viens de prendre un maître italien, mon cher Charles. Sais-tu par quel ouvrage je commence? Par le Dante, rien que cela! Je vais droit à l'Homère chrétien, qui domine le vieil Homère de toute la hauteur dont les flèches gothiques de nos églises dominent les temples du paganisme. Cette assertion t'étonne : écoute les réflexions qu'ont fait naître en moi les analogies si frappantes que je remarque au moyen âge entre la théologie, la poésie et l'architecture.

Nous aspirons toujours à une vérité complète, à un ordre parfait, c'est-à-dire à Dieu, perfection infinie.

Mais il est une autre tendance non moins visible en nous; elle naît de l'union de nos deux natures : nous aspirons à exprimer nos idées sous les formes les plus palpables; nous voulons les peindre, les sculpter, les bâtir, et l'art n'est pas autre chose; en un mot, nous aspirons à revêtir de la forme la plus belle la vérité la plus haute; c'est la loi réciproque de l'union des deux mondes, de la tendance du monde corporel vers le monde spirituel, de la réflexion du monde spirituel dans le monde corporel.

La sagesse infinie, manifestée sous la plus belle forme humaine, est donc la réalisation des deux tendances invincibles, universelles de notre nature; le Verbe incarné, *le plus beau des enfants des hommes*, est le mot de l'énigme de l'humanité, le mystère de l'unité des mondes! Hélas! nos deux natures sont si souvent hostiles l'une à l'autre! comment arriver à la pacification dans cette guerre que la chair livre sans cesse à l'esprit?... Unité brisée des mondes, l'unité n'est restaurée en nous que par le Verbe incarné; le Christ est le type, le divin modèle de toute beauté; et après lui ceux qu'il a rendus semblables à lui; les saints, illuminés de ses lumières, vivifiés par son amour, sont les types du beau chrétien. Le Verbe incarné est l'astre lumineux dont notre œil ne peut sonder la mystérieuse splendeur, mais par la lumière duquel nous voyons tout; ses rayons réfléchis sur les êtres créés colorent tous les objets, sa vivifiante chaleur féconde tous les germes.

Le Verbe s'est revêtu de notre humanité, et pour continuer sa présence au milieu de nous, il a institué dans l'Eglise son immortelle représentation sur la terre. L'Eglise est l'incarnation sociale du Verbe; Jésus-Christ, notre Sauveur, nous offre dans sa personne l'ineffable harmonie de Dieu et de l'homme. L'Eglise est l'harmonie de la société spirituelle et de la société temporelle; en elle est constituée la subordination du monde visible au monde invisible; elle est le rapport vivant et substantiel des images aux idées. Expression de la puissance, elle manifeste l'unité divine dans tous les temps et dans tous les lieux par l'immutabilité de ses dogmes; expression de la sagesse, elle manifeste l'ordre en développant l'unité dans toute la richesse de ses gradations et de ses nuances; expression de l'amour.

elle est le souffle divin par lequel toutes choses s'harmonisent : l'Eglise est le centre générateur des développements de nos facultés. Plus les pensées, plus les volontés humaines sont pénétrées de son esprit, plus elles présentent le caractère de puissance, de sagesse et d'amour. La grandeur des conceptions, la beauté de l'ordonnance, la grâce des détails, en un mot l'unité, la variété, l'ordre et la richesse, les gradations heureuses, la finesse qui est l'intelligence des nuances, la délicatesse qui en est le sentiment, l'harmonie enfin, unité complétement développée, l'harmonie, souffle d'amour qui vivifie tout, sont, à un haut degré, les apanages du génie inspiré par l'Eglise catholique. La civilisation dans toute la richesse de ses développements est la réflexion du Verbe dans la société ; elle est la réalisation de cette parole qui retentit au milieu des temps, de l'éternité à l'éternité : *Le Verbe s'est fait chair, et il a habité parmi nous !*

Fais avec moi, mon Charles, une application de ces principes à l'époque du moyen âge, alors que la religion régnait puissamment sur la société ; cette époque, je serais tenté de l'appeler architecturale. La hiérarchie de la société n'était-elle pas alors comme une sublime architecture de l'ordre social? Les chrétiens *édifiaient* en ce monde l'ordre social sur le modèle de l'ordre divin, dont le pontife suprême était le souverain architecte de la terre (1) : aussi, voyez, le moyen âge nous a donné une architecture universelle sous une triple forme, théologique, poétique et sculpturale.

La théologie de saint Thomas développe de gradations en gradations les vérités religieuses ; elle retrace à la pensée la hauteur, l'étendue et la profondeur des idées chrétiennes qu'elle nous représente belles seulement dans leur chaste et sévère correction, harmonieuses dans leur ensemble et dans leur sens intime ; et pour achever l'analogie entre cette théologie et l'architecture chrétienne, remarquons que les formes du style de saint Thomas sont un peu raides, comme celles des statues des saints sculptées sur le portail de nos vieilles basiliques.

Le poëme du Dante, semblable aussi à une magnifique œuvre architecturale, est véritablement un poëme universel ; l'ensemble des vérités religieuses exposées par les grands docteurs, le divin poëte les a sculptées en vers ; sa sublime poésie est comme la *Somme* des vérités de la foi, qu'elle représente à l'imagination.

(1) Lis, dans *l'Esprit de vie et l'Esprit de mort*, la construction de l'édifice social sur le modèle de l'ordre divin.

Enfin, l'architecture chrétienne, dite architecture gothique, n'est-elle pas véritablement *théologique* et *poétique?* Elle aussi nous a donné la *Somme* des vérités chrétiennes; elle les a chantées, les a exprimées à la vue, à l'ouïe, à tous les sens purifiés et en quelque sorte divinisés par elle. Les églises gothiques, *véritables hiérarchies en pierre*, embrassent dans leur enceinte la sculpture, la peinture, la musique, la poésie, en un mot, l'architecture chrétienne bâtit aux yeux, rend sensible à tous, autant que cela est possible ici-bas, la hauteur, la largeur et la profondeur de la pensée chrétienne.

Comprends-tu maintenant, mon cher Charles, le vif désir que j'ai d'étudier et d'approfondir les œuvres du Dante, *de ce poëte souverain, de ce roi des chants sublimes, qui, comme un aigle, plane sur la tête des autres poëtes?*

Poeta sovrano,
Di quel signor dell' altissimo canto,
Che sovra gli altri, com' aquila, vola.

Je finis par cette réflexion, qui m'a souvent frappé : l'art est une sorte d'apostolat; intermédiaire entre la terre et le ciel, sa mission est d'apaiser les dissonances, de nous faire entendre les accords du monde supérieur; il réalise aux yeux les visions de l'âme.

Témoin des sanglantes factions qui déchirent sa belle patrie, le Dante indigné descend aux enfers pour égaler les châtiments aux crimes; mais, inspiré par la foi consolatrice, il en sort et monte aux cieux.

Shakespeare aussi a vu l'enfer de ce monde. Avec quelle énergie il nous retrace les fureurs et les forfaits effroyables dont son génie a été le témoin; mais, entouré de l'hérésie qui de toute part le ceint comme un vêtement, nul rayon d'espérance ne pénètre les noires profondeurs dans lesquelles il est plongé; aux douleurs de la vie, ce poëte du désespoir ne trouve nulle issue; l'apostasie érigée en loi a ouvert et refermé l'abîme!

LETTRE XL

Rome, 15 janvier 1834.

Je continue mes longues promenades dans les environs de Rome, elles amènent quelquefois pour moi des épisodes singuliers. Dernièrement, à la suite d'une longue course, me trouvant près du Colisée, je ne résistai pas au désir de monter sur les arcades les plus élevées, et de juger de leurs sommets le grand effet de ces ruines pittoresques. Je ne pouvais me lasser de regarder ces immenses gradins elliptiques, superposés les uns aux autres, sur lesquels s'asseyaient jadis cent mille spectateurs. Ce qui reste de ces ruines est tellement vaste, la verdure qui les recouvre est si belle et d'un effet si poétique, que je ne sais s'il existe dans le monde entier un spectacle plus fait pour captiver l'âme, plus capable de réveiller les grands souvenirs. Les plantes et les arbustes qui pénètrent et ombragent les débris des monuments, sont aux ruines ce que les cheveux blancs sont sur la tête d'un vieillard : elles les parent et leur donnent de la majesté. Je n'aime ni les têtes ni les ruines chauves. A travers les arcades (il y en a un très-grand nombre), j'apercevais d'autres ruines, et ces poétiques campagnes de Rome qui sont elles-mêmes des ruines. Comme ces déserts s'harmonisent bien avec la ville éternelle, avec cette cité *épique*, vivant et mystérieux abrégé de l'histoire universelle! Imagine-toi Rome, cette reine des royaumes, entourée de campagnes fertiles, bien cultivées, de belles *plates-bandes*, par exemple, quel contre-sens! Chacune des arcades m'offrait un point de vue différent; c'était comme autant de tableaux bien encadrés, tous d'un effet merveilleux. Puis je songeais aux grands événements dont cet amphithéâtre a été tour à tour le témoin, le complice et la victime. Fatigué et de mes longues courses et de mes insatiables réflexions, peu à peu tous les objets que j'avais devant les yeux s'effacèrent, je m'endormis sur les débris d'un antique gradin. Il me sembla entendre des cris tumultueux, de bruyants applaudissements, et cependant toute cette

ROME — LE COLISÉE

joie me jetait dans une tristesse profonde. Je rêvais de sang, de coups d'épée; des hommes égorgés étaient étendus devant moi; bientôt d'autres spectacles plus terribles me frappèrent d'épouvante : de grandes armées se livraient des combats acharnés; j'entendais le bruit des machines de guerre qui abattaient les murailles ; la terre me paraissait trembler de toutes parts, un grand poids oppressait mon âme !.... A ce bruit effroyable, à d'immenses clameurs succéda un grand silence, puis une douce et mystérieuse harmonie; des chants religieux d'une ineffable tendresse apaisaient les agitations de mon cœur; je respirais les parfums de l'encens. Ces ravissantes émotions duraient encore lorsque je sortis de mon sommeil. Mon rêve n'était que l'impression prolongée des réflexions qui m'avaient occupé la veille.

Tu sais que le mot *catholique* veut dire *universel;* jamais traduction ne fut plus fidèle. Je me bornerai à une seule observation relative à la politique. Dans tous les pays que la religion ne gouverne pas uniquement, c'est-à-dire presque partout, les opinions politiques sont livrées à toute la fureur des partis, à toute la sottise des coteries. Dire à quel point ces opinions sont *rétrécies*, *bornées* par le *temps*, par le *lieu* où elles ont pris naissance, j'avoue que je ne trouve aucun terme qui puisse l'exprimer suffisamment. Toutes les questions immenses qui concernent la vie des sociétés humaines, leurs progrès, les développements de l'intelligence, de la morale publique, des institutions sociales, se réduisent à des querelles de personnes. Les hommes, que dis-je? les choses remplacent les choses elles-mêmes. Pour certaines personnes qui se déclarent, de leur propre autorité, seules *parfaitement bien pensantes*, une nation entière se réduit à une ville, cette ville à une portion des citoyens qui l'habitent, et cette portion elle-même à quelques individus qui ne sont ni les plus éclairés ni les meilleurs, mais ceux-là seulement qui remplissent certaines conditions d'existence et même de forme arbitrairement fixées par une divinité inconnue même du paganisme, *la Mode !...*

En un mot, les sociétés particulières sont pleines d'esprit particulier. Chez elles, les vérités les plus essentielles passent à travers le prisme trompeur des préjugés nationaux, qui varient selon les temps, selon les lieux. A Rome, l'intelligence est catholique, elle est véritablement universelle; on juge les hommes sans haine et sans engouement, et les sociétés humaines, d'après les principes universels, dans l'universalité des temps et des lieux. Comprends-tu, mon Alfred, le charme que j'éprouve à Rome? Ici expirent ces petites passions qui produisent ailleurs des effets monstrueux; la religion dissipe tous les nuages de l'orgueil national, toutes ces vapeurs de petites coteries si malignes, si suffocantes, à Paris surtout. Oh! que j'aime Rome! on a de l'air, du soleil, on se sent vivre.

J'aurais encore bien des choses à te dire, mais il faut finir; papier, plume et poignet n'en peuvent plus. J'éprouve toujours un grand plaisir à causer avec toi, parce que je sais que c'est à un cœur et à un esprit droits que je m'adresse. Adieu.

LETTRE XLI

Rome, 19 janvier 1834.

Hier, mon bon Charles, jour de la fête de saint Antoine, grande joie, grand mouvement dans Rome. Le peuple se portait en foule à Saint-Jean-de-Latran. On voyait passer une multitude de voitures à quatre, à six chevaux, qui se rendaient joyeusement vis-à-vis le perron de cette magnifique église. Ce jour-là, on bénit les chevaux; les prêtres prononcent sur eux des oraisons pour les garantir de la rage et de tous autres maux. Que la religion a bien un caractère d'universalité, à Rome surtout! Elle est *la doctrine* qui illumine les intelligences; elle est *la législation* qui règle les volontés; elle est *l'art* qui enchante les imaginations; elle est même un *spectacle;* elle récrée innocemment, utilement; ses cérémonies réjouissent le cœur et les yeux. Ah! c'est ici que l'on sent la vérité de cette parole du Christ : *Mon joug est doux, et mon fardeau léger.* Oh! Rome! oh! ma patrie!

Je fais tous les jours hors de la ville de grandes promenades; je me livre à ma bonne fortune, et elle ne me trompe guère. Dernièrement j'étais sur la voie Appia, près du tombeau de Cecilia Metella; je rencontrai trois jeunes ecclésiastiques irlandais; nous causâmes; ils étaient, comme moi, enchantés de l'*atmosphère catholique* dans laquelle on vit ici. En un instant nous fûmes amis.

Il n'y a peut-être pas de sujet plus neuf à traiter que l'Italie; sais-tu pourquoi? Précisément parce que tout le monde en a parlé. Rappelle-toi ces innombrables écrits, tous à la louange du siècle de Louis XIV, composés en France. Pendant plus d'un siècle, des milliers de personnes n'ont fait que répéter la même chose : elles ne formaient, pour ainsi dire, qu'une seule voix. Depuis longtemps aussi on a professé une admiration à peu près exclusive pour l'ancienne Rome; on n'a cessé de dénigrer Rome chrétienne, son gouvernement, l'influence de la religion sur le caractère des Italiens. Des milliers de personnes ont parlé de l'Italie, écrit sur l'Italie, toujours dans le même sens : elles ne forment aussi qu'une seule voix. Dans *l'Esprit de vie et l'Esprit de mort*, nous avons considéré le siècle de Louis XIV sous un point de vue nouveau; je crois aussi que rien ne peut être plus neuf qu'une véritable appréciation de Rome et de l'Italie.

C'est une chose étonnante que l'immense différence qui existe entre *voir* et *entendre parler*; la vue des choses elles-mêmes a une puissance incomparable sur notre âme; elle laisse bien loin derrière elle les récits, les descriptions, les études les plus laborieuses. Mais voici bien une autre réflexion que je t'engage à méditer : l'harmonie des choses entre elles ne peut être saisie que par l'harmonie de nos facultés. La raison seule n'a tout au plus qu'une demi-intelligence de la vérité; la raison suffit peut-être à un anatomiste, elle ne suffit pas à un peintre. La nature n'est point un squelette; elle est un être vivant, animé, plongé dans l'air, vivifié par la lumière des cieux. L'air et la lumière lui donnent des couleurs, une harmonie que l'imagination et le sentiment peuvent seuls saisir et exprimer. L'imagination et le sentiment réfléchissent l'image vivante, la physionomie, l'âme enfin! Quand je parle de la nature, mon Charles, c'est de la nature morale et physique, c'est de la vie de l'homme et des nations; c'est l'histoire, c'est la poésie, c'est l'univers enfin, que je veux dire. Car toutes choses se tiennent; l'homme est l'unité des mondes qu'il réfléchit en lui. Pauvre petite raison, avec ton petit scalpel, instrument de mort, avec ton petit compas, tu prétends sonder et mesurer les cieux et la terre, la lumière et l'air, l'âme et la vie!.... Pitié!....

LETTRE XLII

Rome, 20 janvier 1834.

Hier, en finissant ma lettre, mon cher Charles, je te parlais de l'harmonie de nos facultés, seule capable de saisir l'harmonie des choses entre elles. Je te disais que la raison n'avait tout au plus qu'une demi-intelligence de la vérité; je reviens aujourd'hui sur ce sujet pour te communiquer quelques réflexions dont tu sentiras aisément toute la justesse. Que la raison doive diriger nos démarches dans le courant de la vie, c'est ce que tout le monde sait et répète; mais que l'on puisse méconnaître le vrai au nom de la raison, que l'on puisse briser, tuer toute l'existence par une sorte de fanatisme de raison, voilà ce que bien des personnes ne comprennent pas, et voilà, je le dis avec une entière et profonde conviction, une grande et douloureuse vérité. Oui, mon cher Charles, la raison étroite, sèche, isolée de nos autres facultés, de la sensibilité, de l'imagination, n'est point la règle de nos actions (1). Le cœur, les dispositions particulières de notre âme ne peuvent être mises en oubli quand il s'agit de régler nos démarches. La raison va toujours, inflexible, inexorable, appliquant à tout et à tous son niveau, son équerre, son compas; pour elle la vie est un chemin de fer!!! La raison n'a que des premiers plans; elle n'a point d'horizon, point de lointain, point d'air, point de belle et profonde lumière. C'est un trait sec; ainsi comprise, la raison devient une règle qui s'applique aux calculs exacts et limités d'arithmétique et de géométrie. Mais notre âme est une lyre, et non une mécanique. Placés entre l'infini du passé et l'infini de l'avenir, tous nos sentiments, toutes nos actions sont, si je puis le dire, pénétrés d'infini. Cette prétention de limiter avec une précision mathématique nos sentiments et nos actions est contraire à notre nature, à notre destinée, à l'ordre divin. Ah!

(1) C'est une raison sans âme, je ne puis mieux la définir, et voilà pourquoi elle est si froide, si sèche, si étroite, si peu compréhensive.

la religion, le cœur, le sentiment unanime des hommes, sont bien loin de faire une règle obligatoire de cette prétendue raison, et si les personnes qui s'obstinent à en faire une règle absolue comprenaient combien elle est quelquefois opposée aux développements de nos facultés et à la religion, qui est loin d'imposer ces mêmes prétendus devoirs, ils seraient très-coupables de s'obstiner dans cette idée.

Aussi Frédéric Schlegel, un des plus grands philosophes des temps modernes, génie supérieur que l'Allemagne a trop oublié, que la France connaît à peine, Schlegel, dans sa *Philosophie de la vie*, montre fort bien que ce n'est pas par la raison étroite, isolée de nos autres facultés, qu'il faut juger, mais par l'âme tout entière. De toutes les facultés de l'âme, de la raison, de l'imagination, de la sensibilité, se forme un sens élevé, délicat, pénétrant, généreux, que Schlegel compare fort bien au goût de l'artiste, au tact de l'homme du monde, au coup d'œil de l'homme d'Etat. C'est par ce sens, et non par la froide raison, qu'il faut juger de toutes choses; il n'est ni vague, ni étroit, ni arbitrairement limité; il s'allie naturellement à la foi, car il est homogène avec elle. Il est, si j'ose le dire, précurseur et coadjuteur de la foi; il monte à la foi et il en descend. C'est une intelligence par amour qui sent et pressent l'infini.

Mais ceci n'est encore qu'un premier aperçu. Je suis tenté par un magnifique sujet; je voudrais trouver la solution d'un problème qui a souvent occupé mes méditations, développer l'harmonie de nos facultés avec l'harmonie des choses. Sans doute, mon cher Charles, je n'ai ni le temps ni la prétention de te donner ici tout un traité de philosophie; je me bornerai seulement à t'exposer quelques vérités qui, je crois, n'ont pas été coordonnées entre elles comme elles peuvent et doivent l'être, et voici ce que je puis affirmer d'avance : mes observations sont tellement puisées dans la nature des choses, elles ont un caractère tellement historique, qu'il me suffira de te les exposer dans la forme d'un récit; seulement, pour te faire mieux saisir leur portée, je marquerai arithmétiquement leurs gradations entre elles.

Toutes nos facultés se développent par l'amour; l'amour maternel est le premier moyen d'éducation. Qu'enseigne-t-on à l'enfant, à cet être si faible qui entre à peine dans la vie? A aimer, à aimer ses parents, Dieu avant tout, au-dessus de tout. L'éducation tout entière consiste à *élever* l'homme, à lui apprendre à aimer, à admirer le bien, le beau, à les réaliser dans ses actions. Tu le vois, mon cher Charles, il faut bien autre chose pour élever les hommes que de développer en eux une froide et méthodique raison. Je dis plus, la mémoire elle-même est intimement liée au cœur; on ne comprend, on ne retient véritablement que ce que l'on aime et à mesure que l'on aime. C'est là ce qui caractérise les goûts divers, les vocations même : on se sent de l'attrait, du goût, c'est-à-dire de l'amour pour telle étude ou pour tel état : alors seulement l'intelligence marche rapidement de développements en développements. C'est que l'intelligence n'est que le reflet du foyer d'amour, et à mesure que le foyer est plus actif, la lumière est plus vive. Des plus intimes profondeurs de l'âme jaillit la lumière de l'intelligence, qui vacille et n'éclaire que les surfaces quand elle ne vient que du dehors. Le monde entier étant la manifestation de l'amour divin, c'est par l'amour qu'il peut être compris, car l'amour seul répond à l'amour. Oui, mon cher Charles, un principe supérieur nous attire sans cesse; nous aspirons à la bonté, à la beauté en toutes choses, à la perfection des lois, des institutions, des œuvres de l'art. Le génie, l'héroïsme, la sainteté sont dus à l'amour, à l'enthousiasme du beau dans les ordres de nos pensées et de nos actions. On peut dire que l'esprit de l'homme aspire toujours à des *merveilles* et ne se repose que lorsqu'il est arrivé à jouir des merveilles; et pour en citer une seule preuve, les arts, la littérature n'ont d'autre but que de nous donner des chefs-d'œuvre, de créer des merveilles; de là la joie, de là le cri de notre âme : *sublime! angélique! céleste! divin!*

Mais voici, mon cher Charles, une seconde observation que je recommande à ton attention. Nous aspirons toujours des images aux modèles, des expressions aux types, des reflets à la lumière qui se réfléchit sur les objets; en un mot, du monde physique au monde spirituel. L'amour pour les différents ordres de créatures, au milieu desquels nous sommes placés et avec lesquels nous sommes en relation, s'élève toujours de l'ordre inférieur à l'ordre supérieur, et n'arrive à sa pleine harmonie que dans la suite des lois par lesquelles les créatures sont ordonnées; les nuances, les gradations, la hiérarchie, en un mot, manifestent le développement de la variété dans l'unité, l'ordre et par conséquent la liberté. Tendance à monter de gradations en gradations, telle est notre disposition fondamentale. Nous prêtons aux beautés de la nature les dispositions et les qualités de notre âme; nous disons qu'elles sont gracieuses, touchantes, mélancoliques, sévères, sublimes; et dans l'âme elle-même, qu'est-ce qui nous charme, si ce n'est le reflet des perfections célestes? C'est ce qui nous *enchante*, nous *transporte*, nous *ravit;* avec quelle puissance ces expressions nous montrent l'élan de notre âme. Merveilleuse harmonie que celle par laquelle notre intelligence, notre amour, toutes nos conceptions et toutes nos aspirations répondent, dans un ordre hiérarchique, à la hiérarchie des créatures!...

Enfin, et c'est la conclusion de tout ce que je viens de dire, ces dispositions de l'âme sont, je ne puis trop le répéter, l'œuvre d'une influence, d'une action supérieure qui s'exerce sur nous. Elles indiquent la présence d'une loi, d'un législateur suprême, d'un aimant invincible qui nous attire. Sans la lumière qui se réfléchit sur la terre et la pénètre de sa chaleur, il n'y aurait que ténèbres et nulle fécondité. C'est le soleil qui attire, échauffe et vivifie les germes enfermés dans le sein de la terre; ainsi de notre âme que le soleil divin éclaire, échauffe et vivifie. Et, j'ose le dire, ce qu'il y a de plus visible dans cette vie, c'est l'invisible, c'est le reflet de l'infini dans le monde des intelligences finies. Nous voyons toutes choses comme dans un miroir. Soit que notre âme regarde en elle-même, dans la nature ou dans la société, elle ne voit, elle ne peut voir que la réflexion de Dieu; l'amour de Dieu attire tous les hommes, même lorsqu'ils l'ignorent; la perfection qu'ils repoussent en eux, ils la veulent dans les autres. Une invincible idée d'ordre, de justice, de beauté infinie nous domine toujours; elle est l'âme de notre âme : nous ne vivons point en nous, notre substance est en vous, ô mon Dieu! *Substantia mea apud te.*

LETTRE XLIII

Rome, 21 janvier 1834.

Je crois, mon cher Charles, t'avoir montré toute l'élévation de notre nature; Dieu est l'aimant de nos âmes : c'est à cette hauteur qu'elles sont attirées. Mais voici une autre merveille : notre âme ne s'élève qu'en s'abaissant, c'est dans les dernières profondeurs de notre être que réside le principe de notre élévation. Je t'ai montré en nous un abîme de grandeur; je veux te faire voir un abîme de profondeur : *Abyssus abyssum invocat.*

L'action par laquelle notre âme monte à Dieu, c'est l'action même par laquelle Dieu descend à nous et nous attire à lui. Toute la vie de notre âme consiste à nous laisser élever, à nous ouvrir au divin attrait, en un mot à nous séparer de ce qui s'oppose au principe de notre attraction; car il y a deux *moi* en nous : un *moi* sec, froid, égoïste; un *moi* souple, compatissant, ouvert à toute impression, à toute affection généreuse; en un mot, il y a un moi qui nous resserre en nous-mêmes, et un moi qui nous élargit et nous met en communication harmonieuse avec les autres. C'est un orgueilleux, dit-on; il ne comprend pas, il ne veut pas voir; il est trop occupé de lui-même pour s'occuper des autres; il n'aime que lui. Ainsi l'orgueil ferme l'intelligence et le cœur; l'orgueilleux s'enferme en lui, si je puis parler ainsi, condense les ténèbres qu'il porte en lui-même, leur donne un corps; en un mot, l'orgueilleux n'incarne que sa propre bassesse.

Mais, hélas! combien grande est notre funeste tendance à nous chercher nous-mêmes en nous-mêmes! Comment nous arracher à la langueur qui nous paralyse, à l'égoïsme qui nous rapetisse? Nous sommes enveloppés dans un moi orgueilleux et rebelle. Qui pénétrera cette funeste enveloppe? Qui ouvrira ce cœur, cette intelligence fermés à la vérité et à l'amour? Ce sera la souffrance. La souffrance, comme un glaive à deux tranchants, pénètre jusqu'à la division de l'esprit et du cœur : *Celui qui n'a point souffert que sait-il?* dit l'Ecriture. C'est par la lutte contre les difficultés que se développe notre esprit; les souffrances, les obstacles, sont la gymnastique de l'intelligence. Tous les hommes de génie ont sub l'adversité, ont grandi, se sont élevés par les obstacles. Point de combats, point de héros.

Il en est de même pour le développement du cœur : la vertu se forme, se purifie dans l'adversité. Vous êtes riche, heureux selon le monde, c'est la souffrance, les pertes de fortune, l'adversité, en un mot, qui vous sauvent de l'égoïsme, de la dureté du cœur, de l'oubli de Dieu et du prochain. C'est la souffrance qui ouvre votre âme à la compassion, élève vos pensées, votre amour vers les choses d'en haut. D'où sortent tous les hommes distingués par leurs vertus, par leurs talents? Des ateliers de l'adversité.

Enfin le développement même de nos jouissances est dû à la souffrance. Voyez les gens gâtés par la fortune. De quoi jouissent-ils? Blasés de tout, rassasiés de tout, leur prétendu bonheur fait pitié; c'est à l'homme qui a souffert, qui a désiré, qui a travaillé pour obtenir, que sont réservées l'intelligence, les jouissances du goût, des arts, des plus nobles et des plus tendres affections, de tout généreux enthousiasme. La souffrance creuse notre âme jusque dans ses plus intimes profondeurs. Pour Dieu, comme pour l'être que l'on chérit, c'est la souffrance qui révèle toute la richesse de notre amour. J'ai souvent médité sur le malheur des heureux de la terre, sur le bonheur de bien des gens que le monde appelle pauvres; en vérité, le malheur est souvent un des éléments les plus essentiels du bonheur.

Mais ce n'est pas la souffrance imposée seulement, c'est la souffrance acceptée qui ouvre notre âme, la dispose à recevoir la semence de vérité et à la faire fructifier en elle. Se dégager du moi qui nous captive et nous séduit, accepter la souffrance qui répugne à notre nature, se reconnaître coupable, digne de châtiment, accepter ce châtiment, effet de la justice, comme moyen de rentrer dans l'innocence primitive, car le repentir n'est-il pas comme une seconde innocence? Oui sans doute, telle serait en nous l'expression de la sagesse et de l'amour!

Le malheureux tombé dans l'esclavage par suite de ses désordres n'est vraiment digne de la liberté que lorsqu'il se reconnaît lui-même auteur de sa servitude, disons mieux, il n'aspire réellement à la liberté que lorsqu'il aspire aussi à se dégager des liens honteux qui, en asservissant son âme, l'ont conduit à une entière servitude. Hélas ! le crime de notre premier père nous a engendrés dans l'esclavage ; il a divisé, opposé l'une à l'autre l'intelligence et la volonté ; il nous a frappés d'impuissance. Le coup qui nous a brisés est descendu plus profondément encore : si la volonté seule eût résisté à la lumière, l'intelligence pouvait encore, ce semble, reconnaître la vérité. Mais voilà que les sens et l'imagination, la raison et le sentiment se partagent notre âme, la divisent et la traînent d'erreurs en erreurs, de désordres en désordres ; et cependant ce moi si défiguré prétend à l'indépendance, que dis-je ? à la domination sur les autres ; c'est à ce degré d'esclavage qu'il déchoit ! Nous ne sommes qu'impuissance ; où donc trouver en nous la puissance de nous soulever ? Désordre, division ; et comment rétablir l'unité ? Orgueil ; et l'amour seul peut nous raviver ! Oh ! prodige de l'amour divin, c'est dans cet abîme de misère que la miséricorde est descendue. Le Modèle a de nouveau vivifié son image. Etonnant mystère ! à la plus grande hauteur où nous puissions parvenir, nous reconnaissons que Dieu est l'aimant, la substance même de nos âmes. Dans les plus grandes profondeurs où nous puissions descendre, nous retrouvons Dieu auteur de lumière et d'amour. Celui par qui tout a été fait, qui porte en lui, dans sa nature même, les types, les modèles, l'essence en un mot des perfections qui nous ravissent, n'a pas dédaigné d'unir sa divinité à notre humanité, non pas à notre humanité heureuse, émule de la nature angélique, mais à notre humanité souffrante, telle enfin que le péché l'a faite, sauf le péché lui-même. Il a revêtu la forme d'un esclave, lui le Maître de l'univers ! Comprenons, autant du moins que nous le pouvons, cette ineffable unité, et il nous sera donné d'entrevoir avec quelle puissance toute notre âme aspire vers cet autre nous-mêmes, si pauvre, si nu, si souffrant, si semblable à nous, mais tout à la fois si riche, si sensible à nos misères, si plein de compassion, amour, sagesse, puissance infinie !

LETTRE XLIV

Rome, 22 janvier 1834.

La tendance vers la perfection, gravée dans toutes les âmes, est la preuve sensible de l'unité divine qui se réfléchit en nous ; et cependant, malgré l'universalité et *l'invincibilité* de cette impression, les hommes n'auraient jamais pu créer une société toujours une, fondée sur les dogmes immuables, passant à travers les siècles, résistant à toutes les attaques, *une*, en un mot, dans la suite des temps par l'unité de sa doctrine et de sa hiérarchie. Ce que les hommes ne pouvaient faire par eux-mêmes, nous le voyons accompli au milieu de nous ; nous voyons une société toujours subsistante, une dans son principe qu'elle développe successivement ; le passé n'ayant jamais cessé d'annoncer l'avenir, et l'avenir annoncé n'ayant cessé de justifier les prévisions du passé. Certes, s'il est quelque part une preuve visible de l'action du Verbe incarné qui réunit en lui toutes les perfections, c'est bien cette société qui en porte visiblement le sceau. L'unité gravée en nos âmes est la preuve *sensible* de l'Etre divin ; l'unité gravée dans l'Eglise, à ses divers âges, en est la preuve *visible.*

Or l'Eglise, épouse du Christ, éclairée et vivifiée par l'Esprit-Saint, expose à notre intelligence les dogmes, les mystères divins, vérités fondamentales, mères de toutes les vérités qui forment le patrimoine des intelligences ; vérités mystérieuses, car les principes des lois, dans tous les ordres possibles, sont nécessairement mystérieux, c'est-à-dire supérieurs à nous, invisibles, impossibles à atteindre en eux-mêmes, et seulement visibles et sensibles par leurs effets. Toute loi-principe est un mystère ; elle est l'expression du divin dans l'humain, de l'infini dans le monde des intelligences finies. La raison n'atteint point à cette hauteur ; par la foi notre intelligence remonte à Dieu. C'est par la foi que s'accomplit l'hymen de l'intelligence humaine avec l'intelligence divine.

Mais il ne suffit pas que la vérité illumine notre esprit ; l'homme est complet non lorsqu'il comprend, mais lorsqu'il veut la vérité :

alors seulement il jouit de sa liberté, car il fait par son libre choix la vérité qu'il reconnaît. Comment la vérité vivante passera-t-elle de notre esprit à notre cœur, de l'intelligence à la volonté? comment deviendra-t-elle la vie de l'âme? Par les sacrements. Par eux s'opère l'union réelle et substantielle du divin et de l'humain dans les profondeurs de l'âme. Dieu se donne à l'âme obéissante, et l'âme pénétrée de sa *présence réelle* lui jure fidélité et amour.

Ainsi tout vit, tout se développe par le principe supérieur, par l'amour infini, par l'Esprit-Saint qui gouverne l'Eglise. La vie entière est pénétrée du divin amour; il ne suffit pas de connaître Dieu, il faut l'invoquer, l'adorer, le prier sans cesse. La prière est le rapport complet de notre âme avec Dieu ; elle est la respiration de l'âme. Le culte est le développement de la prière; il est la vie de toutes les expressions de la foi et de l'amour, comme le dogme est la vie de l'intelligence, comme les sacrements sont la vie du cœur. Le culte est l'harmonie entre le développement des miséricordieuses merveilles opérées par notre divin Sauveur et le développement des hommages analogues à ces merveilles que notre âme leur rend.

Ainsi l'Eglise, lumière vivante qui révèle aux âmes la puissance, la sagesse et l'amour de Dieu, l'Eglise, interprète du ciel sur la terre, par laquelle Dieu descend à nous, par laquelle nos âmes remontent à Dieu, est le centre visible qui soulève et sans cesse attire l'humanité entière. Hors d'elle il n'y a qu'impuissance, ténèbres, servitude; la division pénètre successivement la société politique, la société domestique, les lettres et les arts.

1° Dans la famille, l'époux et l'épouse ne forment plus une indissoluble unité ; le divorce, c'est-à-dire la division, est constitué dans la loi même qui lie momentanément les époux.

2° Dans la société politique, plus d'alliance entre un pouvoir salutaire et une sage liberté ; le pouvoir politique atteint la liberté dans son principe même, dans l'intelligence. Triste condition de la religion lorsqu'elle cesse d'être catholique, c'est-à-dire *universelle;* la prétendue loi religieuse, loi *particulière* d'intelligences révoltées, est asservie à la loi humaine qu'elle devrait diriger et vivifier. Détachée de l'universalité, expression de l'unité divine, séparée de son principe essentiel, de son unité vivante, la loi spirituelle n'est plus qu'un sophisme qui tombe nécessairement sous l'empire du sophisme armé du glaive. Et que peuvent devenir les libertés politiques et civiles quand la liberté-mère est atteinte dans son sanctuaire? Le pouvoir, quand il est fort, absorbe toutes les libertés nationales ; quand il est faible, il est lui-même absorbé par l'anarchie populaire.

Enfin, cette action dissolvante se prolonge dans l'ordre littéraire. Qu'est-ce que l'unité classique telle que l'enseignent les aveugles disciples d'Aristote? C'est la souveraineté absolue, inflexible d'une théorie abstraite qui ne permet aucun développement à la liberté, si ce n'est dans le cercle étroit qu'elle a tracé ; et d'autre part les soi-disant romantiques cherchent dans une liberté illimitée de pensée, de forme, de style, des développements qui ne se trouvent que sous la direction de cette société qui seule nous offre l'accord de la souveraineté de Dieu avec la liberté de l'homme. Règle générale : point de progrès, point de véritable développement que par la véritable unité, par le catholicisme. Dans toutes les sociétés qui protestent contre Rome, l'ordre religieux, l'ordre politique, l'ordre littéraire n'offrent et ne peuvent offrir que despotisme ou anarchie : despotisme qui tend à immobiliser dans une unité égoïste et morte, à arrêter par conséquent le libre développement des facultés ; anarchie qui n'est qu'un mouvement désordonné, oppresseur autant et plus que l'unité despotique ; anarchie qui aspire à des progrès que son défaut de sagesse l'empêche d'atteindre. Les applications se présentent en foule.... et le désordre enfante le désordre! Il est tel Etat en Europe qui prétend allier le despotisme en politique et l'anarchie en littérature. De cette épouvantable contradiction doivent sortir l'ordre et toutes les richesses de la civilisation!....

Dieu, ordre essentiel, liberté par essence, est l'auteur de toute liberté. L'amour de la liberté n'est qu'un profond sentiment de l'ordre, des droits de chacun, dont l'ensemble constitue les véritables relations des êtres entre eux. Et pour en citer un seul exemple, le peuple belge, le plus catholique peut-être des peuples de l'Europe, est en même temps le plus véritable ami de la liberté. Jamais les nations ne perdent la foi sans perdre en même temps l'intelligence et souvent le sentiment de la liberté.

Avant de terminer ma lettre, mon cher Charles, il faut que je fixe ton attention sur une conséquence bien importante qui sort de tous les principes que je viens d'émettre. Toute la vie de l'homme, créé à l'image de Dieu, n'est que le flux et le reflux de l'amour de Dieu pour l'homme et de l'amour de l'homme pour Dieu; l'amour est le centre dans lequel Dieu et l'homme s'unissent. Là, toute intelligence, tout développement de nos facultés; c'est l'amour qui s'élève, c'est l'amour qui s'abaisse; l'amour commence et aperçoit, l'amour avance et voit, l'amour achève et consomme l'unité; l'amour se sent attiré, se développe à mesure qu'il obéit à sa loi suprême, et ne se repose que dans le principe même de son attraction, en Dieu; toutes nos facultés ne vivent que par le souffle inspirateur de l'amour. Nous ne connaissons point les créatures et leurs rapports entre elles; nous n'en jugeons point sainement et complétement par aucune des facultés intermédiaires ou inférieures, mais par un sens général. Les deux mondes, corporel et spirituel, se lient, se touchent, se pénètrent de la manière la plus intime, et leur union étant élevée à l'unité dans l'homme, le sens par lequel nous touchons au monde spirituel et au monde corporel participe à la fois de la nature des sensations, du sentiment et de la vive intuition. Que disons-nous lorsqu'une vérité pénètre notre âme? Elle me *touche*, elle me *frappe;* je le *sens* profondément, je le *vois* clairement. Expressions significatives qui montrent bien que la vérité nous frappe comme un objet sensible nous émeut, touche notre cœur comme le font nos semblables, enfin nous apparaît vive et brillante comme un rayon de lumière! Qui n'a pas éprouvé ces différentes impressions, réunies et n'en faisant qu'une, toutes les fois que la vérité s'est révélée à lui? Toutes nos facultés, intelligence, volonté, raison, imagination, sentiment, sensation, l'amour, ce souffle divin, les fond en lui, les harmonise; il en est la vie!

La loi universelle des êtres est la loi d'attraction; toutes les créatures sont unies dans le principe supérieur qui les attire : ainsi tous les êtres corporels dans la nature humaine qui est leur centre vivant, toutes les intelligences dans l'amour divin. Or, si les lois de l'attraction des corps sont des lois cachées, invisibles, mystérieuses, comment ne serait-elle pas mystérieuse cette grande loi par laquelle toutes nos âmes sont attirées et unies dans le Verbe incarné?

Arrivé au terme de ma trilogie, j'ai voulu te montrer par quelle voie s'opère l'émancipation de notre âme. Que je serais heureux si je pouvais délivrer quelques personnes des idées fausses qui les oppriment!

LETTRE XLV

Rome, 24 janvier 1834.

J'ai été aujourd'hui à Saint-Pierre in Montorio, mon Alfred, bâtie sur le lieu même où l'on croit que saint Pierre a été crucifié. Quel souvenir! et à quels rapprochements il donne lieu! Je ne crois pas qu'il existe dans toute l'histoire aucun événement plus fécond en leçons, même humainement parlant. Ici, sur cette place même, périt d'une mort cruelle, infâme aux yeux du monde, un pauvre pêcheur inconnu des dominateurs de la terre; et dans cette même Rome, alors centre de l'empire païen, règnent aujourd'hui, et depuis dix-huit cents ans, ses successeurs, élevés bien au-dessus des empereurs et des rois. Oui, ils règnent non-seulement sur une multitude immense de fidèles répandus par toute la terre, mais sur les rois, sur ceux même qui nient et rejettent son empire....

Quel empire! en fut-il jamais un pareil! Quel involontaire hommage rendu à la supériorité de l'âme sur le corps, de l'intelligence dénuée de toute force matérielle sur la puissance armée du glaive! Quelle preuve faut-il donc à ceux qui nient, pour les décider à rendre hommage au bienfaisant empire de la religion? Tout pénétrés des rayons du soleil divin, ils demandent encore où est la lumière.

Aveugles détracteurs, ne dites pas que si le Saint-Siége a une influence immense sur la destinée des empires, ce siége auguste ne se soutient cependant que par l'appui que lui donnent les rois; car si les rois appuient de leur pouvoir tout matériel le trône de Pierre, vous le savez, ce n'est pas toujours, il s'en faut bien, par amour de la vérité que souvent ils craignent et cherchent à étouffer, c'est bien souvent encore dans l'intérêt de leur conservation; car telle est la merveille de cette souveraineté vraiment divine que tour à tour les rois la craignent et l'invoquent : si elle apprend aux rois à respecter la liberté des peuples, elle apprend aussi au peuple à respecter l'autorité des rois.

Je ne me lasse pas de contempler cette souveraineté de Pierre exercée sans interruption depuis dix-huit cents ans! Qu'elle est sublime, et que son caractère, je dirai même ses attributs, sont visiblement surhumains! Voyez la grandeur des rois : elle s'appuie sur le dévouement, sur la valeur, sur le talent des hommes qui, de siècle en siècle, ont combattu pour les soutenir et leur ont servi à repousser soit leurs ennemis intérieurs soit leurs ennemis extérieurs. Mais ces hommes que le monde appelle grands et qui eurent, j'en conviens, quelques attributs de la grandeur, ces généraux, ces ministres, s'ils domptèrent les factions, s'ils repoussèrent l'ennemi, furent souvent aussi les oppresseurs de ceux mêmes qu'ils prétendaient servir. Mauvais époux, mauvais pères, mauvais citoyens sous plus d'un rapport, ils ne sont grands qu'à moitié et en quelque sorte de profil : ils arrêtaient dans le moment même de leur influence les mouvements hostiles à l'ordre social; mais c'est au détriment de l'avenir qu'ils sauvaient ou paraissaient sauver le présent. Oui, ils offrent deux faces à l'histoire : l'une grande, généreuse, salutaire; l'autre petite et odieuse. C'est souvent au milieu des malédictions des peuples que de prétendus grands hommes ont moissonné une gloire équivoque, mélangée, de mauvais aloi.

Mais voici, autour de Pierre et de ses successeurs, les grands hommes qui ont servi et honoré son règne bienfaisant. Glorieuse est leur mémoire! le ciel les couronne, la terre les bénit. Pendant leur passage ici-bas, ils instruisirent, ils édifièrent, ils répandirent partout les lumières et la paix; actuellement encore les hommes les invoquent, les appellent à leur secours; prononcer leur nom est déjà une consolation, une espérance! Le Ciel, pour récompenser une si véritable gloire, leur concède la puissance de secourir encore ceux qui les intercèdent, tant est profond leur caractère de bienfaiteurs de l'humanité. Ah! ils sont véritablement grands ceux qui ont été ainsi proclamés illustres au concours du ciel et de la terre!....

LETTRE XLVI

Rome, 2 février 1834.

Je suis débordé par tout ce que je vois, mon Alfred. Imagine-toi que j'ai devant les yeux toute l'histoire romaine depuis Romulus et Numa jusqu'aux derniers empereurs; toute l'histoire ecclésiastique depuis saint Pierre et saint Paul jusqu'au Souverain-Pontife qui règne de nos jours. Dernièrement, j'ai vu en une journée la fontaine et le bois d'Egérie, les murs d'Ancus Martius quatrième roi de Rome, le temple du dieu ridicule élevé à la place qu'avait occupée l'armée d'Annibal, le tombeau de Scipion; puis les thermes, les palais des empereurs, les murs d'Aurélien.... toute l'histoire romaine! Le lendemain, j'ai vu l'église bâtie sur le lieu où saint Pierre fut crucifié; l'église élevée sur la place où saint Paul fut décapité; une église rebâtie sur la place où sainte Cécile, cette aimable sainte, avait jadis sa demeure : on y conserve la cuve dans laquelle elle fut plongée dans l'huile bouillante. Que te dirai-je enfin? d'autres monuments de la primitive Eglise.... toute l'histoire ecclésiastique depuis la naissance du christianisme jusqu'à nos jours.... Qu'y a-t-il de comparable dans l'univers entier aux souvenirs vivants de cette ville merveilleuse; les pierres parlent; elles vous disent, elles vous montrent ce que vous avez lu et étudié pendant votre vie. Rome est une bibliothèque immense, pleine, non de lettres mortes, mais de témoins vivants, et parlant, bien que muets, des plus grands événements de l'histoire profane et de l'histoire ecclésiastique. Il faudrait plus d'une année, non pour lire avec détail tout ce que contiennent ces merveilleux souvenirs, mais pour retenir seulement les titres de tant de chapitres si instructifs.

Et que de détails charmants, si j'avais le temps de te les donner, que de détails charmants je pourrais te citer! A Sainte-Cécile, par exemple, un habile sculpteur, Charles Maderne, a représenté la sainte couchée, la face tournée contre terre, dans l'attitude où l'on peut supposer qu'elle se trouvait lorsqu'elle fut précipitée du haut d'un escalier. On croit voir expirante et sans connaissance une personne qu'on aurait jetée du haut d'une maison; je ne puis te dire combien j'étais ému en voyant cette statue si pleine de sentiment.

Veux-tu un autre détail dans un autre genre ? A Saint-Onuphre, sur le Janicule, dans une heureuse situation d'où l'on a une belle vue sur Rome, on vous montre, dans le couvent, la chambre où vécut, où mourut le Tasse, ce grand et infortuné poëte. Dans le jardin se trouve encore un très-vieux chêne sous lequel il se reposait et composait des vers. Je te le répète, tout ici est historiquement vivant, l'histoire en personne vous apparaît.

Je t'embrasse, t'aime et te bénis, mon bon Alfred.

LETTRE XLVII

Rome, 3 février 1834.

Il y a longtemps, ma Louisa, que je n'ai causé avec toi, et cependant que j'aurais de choses à te dire ! Je continue mes excursions journalières, je visite tour à tour les monuments de l'antique Rome et ceux de Rome chrétienne; j'écrivais sur ce même sujet à ton frère, mais je ne crains point de me répéter, car je ne fais point un livre, j'épanche mon âme; et d'ailleurs l'amour craint-il jamais de se répéter ? Oui, ma Louisa, je suis toujours de plus en plus frappé des réflexions qui naissent de la comparaison de ces deux espèces de monuments. Les édifices du paganisme, amphithéâtres, arcs de triomphe, palais, sont des monuments d'orgueil, de débauches et de cruautés; les édifices du christianisme sont de magnifiques témoignages de l'amour de Dieu et du prochain. J'ai vu successivement *le camp des prétoriens;* c'était là que campait cette milice séditieuse qui faisait et défaisait les empereurs romains, et remplaçait un monstre par un monstre, souvent plus détestable encore; — *l'amphithéâtre Castrense;* là les soldats romains s'exerçaient à des jeux et à des combats militaires....

que m'importe? — *les thermes de Titus*, les mieux conservés de tous les thermes des empereurs. Mais les jours suivants, j'ai vu les jolies et riches églises de Sainte-Praxède et de Sainte-Pudentienne, élevées à la mémoire de ces deux illustres filles d'un sénateur romain, qui souffrirent le martyre après avoir recueilli le sang et les ossements de plusieurs milliers de martyrs enterrés par elles en ce lieu même. Dans cette église se trouve encore le puits dans lequel elles cachèrent ces précieuses reliques. A Sainte-Praxède, on conserve la colonne à laquelle le Christ fut attaché et flagellé. J'ai vu aussi l'église dédiée à sainte Constance, fille du grand Constantin, et celle de sainte Agnès, amie de sainte Constance, que Constantin fit bâtir à la prière de sa fille. Que ces monuments sont différents de ceux du paganisme! Ils parlent à mon âme, ils me retracent les plus touchants souvenirs de famille ; car nous, chrétiens, nous ne sommes qu'une seule famille unie par la même foi, par le même amour. Voilà, ma Louisa, les enseignements dont Rome abonde ; et si l'on veut bien y réfléchir, ils renferment ceux du monde entier. Ici Dieu et l'homme sont en présence, Dieu dans toute sa miséricorde ; l'homme avec sa perversité, son orgueil, sa cruauté, que le christianisme seul peut dompter ; car je ne doute pas que si Napoléon était parvenu à établir son empire d'orgueil et de conquête, la garde impériale ne fût devenue la garde prétorienne, et nous aurions vu se renouveler les horreurs de l'empire romain. Ah! Rome est un sujet inépuisable de réflexions ; il n'est pas donné à tous de bien saisir la vérité au milieu de ce monde de souvenirs, de monuments, de mœurs et de coutumes si différents de ce que l'on voit ailleurs.

J'ai revu Saint-Pierre au soleil couchant. C'est peut-être l'heure la plus favorable pour juger de ce magnifique poëme d'architecture ; alors le bas de la nef est légèrement enveloppé dans l'ombre ; l'autel de la *Confession de Saint-Pierre*, les vitraux qui la couronnent, sont illuminés par les rayons dorés de la lumière, qui donnent à toute la basilique une majesté, une grandeur étonnante. Placé au centre, dans l'intérieur, contre la porte d'entrée, j'apercevais dans le fond de l'église plusieurs personnes que je distinguais à peine, effacées qu'elles étaient dans le lointain, et il était encore plein jour! Et quand on pense que Rome est par rapport aux empires, par rapport à toutes les capitales, ce que l'église de Saint-Pierre est elle-même par rapport aux édifices qui l'environnent, un lieu élevé, paisible, un lieu de repos où viennent expirer tous les mouvements si agités des intérêts de la terre, combien cette capitale du monde n'acquiert-elle pas encore de grandeur à nos yeux, de droit à nos hommages !

En effet, ce que l'église de Saint-Pierre est à Rome, Rome l'est au reste de l'univers. L'église de Saint-Pierre a des fondations qui descendent jusqu'aux entrailles de la terre ; elle s'élève majestueusement dans les cieux et tend les bras à l'univers (1). Une température égale et douce règne toujours dans l'intérieur de la basilique. Toutes les magnificences des arts reçoivent de cette incomparable église plus d'éclat qu'elles ne leur en apportent, et cela est si vrai, que les *barochismes*, passe-moi le terme, que l'on peut reprocher à plusieurs monuments et statues, s'effacent et se perdent dans l'imposante majesté de l'ensemble, dans la splendeur de l'unité.

Rome est la capitale du monde chrétien comme Saint-Pierre est la capitale de Rome. La fondation de Rome descend jusqu'aux entrailles de l'histoire. On se sent ici dans une atmosphère catholique qui fait du bien à l'âme. Partout ailleurs, vous trouvez ou des restrictions arbitraires ou des superfétations dangereuses : en France, l'exagération des partis est généralement une disposition à dépasser le but ; en Allemagne, l'idéalisme, le mysticisme, l'illuminisme, ce que les Allemands eux-mêmes désignent très-bien par *schwarmerei ;* partout, enfin, quelque chose de maladif dans les intelligences. Ici l'esprit est sain, les intelligences sont sereines, ce qui est dû au jour serein de la foi qui brille à son zénith et dissipe les nuages qui partout ailleurs troublent plus ou moins l'horizon intellectuel. Elle s'étend par toute la suite des siècles, cette *ville éternelle*, cette Jérusalem nouvelle, et semble destinée à nous préparer et à nous conduire à la Jérusalem céleste, dont elle est comme le portique. Ici on se sent élevé au-dessus des agitations de la terre, on est réellement plus près des cieux ; et pour achever ma comparaison, que je crois d'une parfaite justesse, Rome aussi étend les bras à l'univers ; tous les peuples viennent à elle, attirés par les doubles merveilles qu'elle possède

Et par droit de conquête et par droit de naissance.

J'aurai cependant gagné une chose à mon voyage, ma Louisa :

(1) Je parle de la belle colonnade circulaire qui s'étend en avant de Saint-Pierre.

c'est de bien comprendre la religion catholique dans le centre de son influence, en regard, ou si l'on veut, en comparaison des sectes et des sociétés politiques, toutes plus ou moins influencées par des préjugés locaux. C'est là un avantage immense. Si je tenais à une vie dont je connais à fond la tristesse et le néant, surtout si je devais passer encore de longs jours sur la terre, les connaissances que j'ai acquises seraient pour moi un trésor inestimable

LETTRE XLVIII

Rome, 4 février 1834.

Je me promène souvent au Vatican, ma Louisa, au milieu d'un peuple de dieux, de héros, d'hommes illustres de l'antique Rome; il me semble que j'acquiers ainsi une véritable intelligence du paganisme. Tel un jeune homme oublieux des vertueuses traditions de ses pères, et qui cependant, au plus fort de ses désordres, garde encore l'empreinte de son illustre origine, tel apparaît à mes yeux le monde païen : pendant longtemps l'infortuné est en proie à toutes les illusions des sens, la beauté physique règne avec empire sur son âme captive ; néanmoins un certain air de grandeur, des formes nobles et dignes décèlent bien sa haute naissance et rappellent les premières impressions qu'il a reçues. Voyez ces héros du paganisme : leur beauté presque toute physique, la noblesse de leurs attitudes saisissent d'abord les regards ; mais, chose remarquable, ils ont tous une sorte d'impassibilité qui n'est pas l'expression complète, il s'en faut bien, des mouvements de l'âme humaine ; c'est un mensonge convenu, pareil à celui des hommes qui veulent se présenter avantageusement aux yeux dans les réunions nombreuses.

Ce qui me déplaît encore dans les représentations du paganisme, c'est qu'elles n'offrent qu'une différence, je dirai presque imperceptible, entre les hommes et les dieux qui ne sont que des hommes plus beaux, plus forts, plus élevés que les autres mortels.

La première chose que nous apprend le christianisme, c'est la puissance, la bonté, la sagesse infinie de Dieu, la faiblesse, le néant de l'homme. Mais voyez : l'homme, ainsi abaissé devant Dieu, devient grand par son abaissement même ; il grandit par l'humilité, car il s'élève à Dieu ! Et quelle force cet être, si faible par lui-même, puise dans cette sublime humilité ! il triomphe de lui-même, il règne sur la douleur et la mort elle-même ! Or, pour faire de ces vérités une application aux arts, voici d'abord la différence essentielle entre le christianisme et le paganisme. Le christianisme ne repousse point la beauté des formes, mais il lui préfère de beaucoup la beauté de l'âme. Je dis plus, c'est des sentiments les plus intimes, les plus profonds qui puissent nous émouvoir, que naît la beauté physique. Jésus-Christ est le plus beau des hommes, parce qu'il est le plus parfait, le seul parfait parmi eux. La sainte Vierge est la plus belle des vierges, parce qu'elle est la plus pure d'entre elles. Ces saints, d'une expression si noble, quelle beauté nouvelle et plus intime règne sur leur physionomie au moment de l'adoration, de ce sentiment qui est tout à la fois respect, dévouement, enthousiasme, amour dans sa plus merveilleuse expression, de ce sentiment qui est l'unité mystérieuse de tout ce que l'âme humaine peut éprouver !... Oui, le véritable amour de Dieu et l'amour du prochain sont inconnus du paganisme ; je n'en trouve pas une trace dans tous les monuments de Rome païenne, pas même une expression de pitié !... Il a fallu que le christianisme vînt apprendre à l'homme à avoir pitié de son semblable, que dis-je ? l'élevât jusqu'à se sacrifier pour son semblable. Chose plus étonnante encore ! il a fallu que la religion chrétienne vînt nous révéler le mystère de ce que nous sentons tous en nous, la douleur ! Est-ce que, chez les anciens, le cœur de l'homme n'était pas comme aujourd'hui brisé par la perte d'êtres chéris ? Et, ce qui est plus pénible encore, n'était-on pas alors, comme aujourd'hui, désolé de voir mourir, dans le cœur de ceux qu'on aime, ces affections qui faisaient le charme de la vie et que l'on croyait immortelles ? Ah ! vivre c'est aimer ; n'être pas aimé c'est mourir !... La vie chez les païens, à en juger par les images qu'ils nous ont laissées, la vie semble n'avoir été qu'une suite de représentations théâtrales ; notre religion est seule vraie. Un Dieu souffrant pour nous, des hommes souffrant par amour pour leur Dieu et leur prochain, cette vie considérée comme une suite d'épreuves, toutes les espérances tournées vers l'autre vie, la félicité attendue comme le prix de tous nos sacrifices ici-bas : voilà la vérité, et le christianisme seul nous l'a révélée !

Hélas! l'homme est tombé de l'unité première, il s'est brisé dans toute la force du terme, et en se brisant, cette âme harmonieuse a rendu un gémissement douloureux qui s'est prolongé à travers les siècles et retentit jusque dans l'éternité. Mais admirez la beauté et la puissance du remède! Notre religion n'est tout entière que le culte de la douleur, culte d'une tendresse ineffable, qui révèle toute la grandeur, toute la miséricorde de Dieu, toutes les richesses de notre humanité! Le paganisme est doublement menteur, non-seulement parce qu'il ignore le vrai Dieu, mais aussi parce qu'il ignore le vrai homme, *l'homme de douleurs*, notre véritable modèle à nous hommes de douleurs!...

Ce serait une bien pauvre chose que cette étude perpétuelle des statues et des monuments que nous a laissés l'antiquité, s'il n'en devait naître qu'une froide et sèche appréciation de la plus ou moins grande perfection des formes. Non, non, cette étude bien faite élève à de plus hautes pensées, elle nous donne des instructions plus sublimes, elle nous fait comprendre l'immense distance qui sépare l'idolâtrie de la religion du Christ, elle nous révèle la vraie source du beau. Ce qui fait la perfection de l'âme humaine est aussi le principe de la perfection de l'art. L'essence même du christianisme, c'est le mystère. Ces sentiments élevés au-dessus de tous les sentiments humains, la foi à des vérités qui dépassent toutes les lumières de la raison, l'espérance à une félicité dont nous ne pouvons nous former d'idée complète, l'amour des choses célestes : voilà ce qui constitue la beauté, la perfection de notre âme. Or voilà ce que je trouve exprimé, pressenti du moins, dans les compositions si religieuses des premiers auteurs de la peinture, de Giotto, d'Angelico di Fiesole, etc.; et voilà ce que je ne trouve plus au même degré dans Raphaël et chez les peintres de son époque, bien moins encore chez les peintres qui vinrent aux époques suivantes.

Quand on a un sentiment vif de l'art, ma Louisa, ce n'est qu'avec une sorte de crainte, et presque de remords, que l'on se permet de critiquer Raphaël; il est le prince, le roi des beaux-arts; il a tout, l'invention, l'ordonnance, le dessin le plus pur et le plus noble, l'expression même, l'harmonie de toutes les parties dans leur ensemble; c'est un homme prodigieux, admirable au delà de ce qu'il est possible de dire; et cependant il ne me satisfait pas entièrement. Ce mystérieux de la religion, qui nous console parce qu'il nous élève au-dessus de nous-mêmes et nous fait pressentir notre véritable patrie, Raphaël ne le possède pas, ou du moins ne me le fait pas sentir comme les premiers auteurs de la peinture. La peinture, à son origine, fut comme l'architecture, fille du christianisme; vierge alors, elle enchantait tous les regards, elle inspirait le respect et l'amour. Raphaël vint, et il donna, ce semble, la préférence à la beauté des formes sur la beauté bien plus élevée et plus touchante des sentiments. Raphaël divise mon attention; il partage mon admiration entre la beauté des formes et la profonde expression des sentiments de l'âme; il est, si j'ose le dire, semi-païen, semi-chrétien, moitié ange, moitié génie mythologique; et, je le répète, bien que l'on ne puisse pas assez admirer l'immense talent de cet homme extraordinaire, il n'en est pas moins le premier auteur de la décadence de l'art.

Je te destine un joli petit souvenir, ma Louisa : la copie de la délicieuse mosaïque des colombes qui est au Capitole, la plus gracieuse que l'antiquité nous ait laissée. Je te rapporte aussi des chapelets.

LETTRE XLIX

Rome, 5 février 1834.

En parcourant les salles immenses du Vatican, mon cher Amédée, je comprends, ou pour mieux dire, je sens toujours davantage l'immense distance qui sépare l'art païen de l'art chrétien. Les païens ne représentaient que des hommes, même en représentant des dieux. L'Apollon n'est qu'un très-beau jeune homme, bien fier d'avoir abattu son gibier; la Vénus, une très-belle jeune fille, dont l'âme ne paraît guère éveillée. La plus haute expression à laquelle l'art païen ait pu atteindre est celle de Jupiter. C'est qu'en représentant le père des dieux, les anciens représentaient, sans le savoir, Dieu le Père; et cela est si vrai que les chrétiens ont souvent emprunté la tête de Jupiter pour la donner au Père du genre humain. Chose remarquable! même lorsque les hommes ont perdu l'idée de la sagesse et de l'amour, ils conservent encore l'idée de la puissance suprême. D'ailleurs les anciens s'attachent en général à la beauté de la forme, ce qui est chose *finie*, et l'on peut dire qu'ils n'expriment aussi que les sentiments *finis* de l'âme.

Or voici venir les chrétiens : pour eux, tout est infini, pensée, sentiment, foi, espérance, amour. Dans les arts, nouvelles expressions bien autrement difficiles à rendre, impossibles à exprimer *complétement*, car jamais le fini ne peut atteindre l'infini. Et cependant voici l'architecture gothique ou plutôt chrétienne, bien plus sublime que l'architecture païenne. Voici la peinture chrétienne : comme elle a su exprimer l'adoration, c'est-à-dire le dévouement complet de la créature au Créateur, l'enthousiasme, l'amour au plus haut degré! A elle les plus belles expressions de l'âme, le courage chrétien, le dévouement intrépide, la pureté de la vierge, la tendresse maternelle!... Reste la sculpture chrétienne, dont nous n'avons encore que quelques échantillons; mais qui dira qu'elle ne peut pas aussi s'élever plus haut que la sculpture païenne? La Mère du Christ, le Christ enfant, le Christ au milieu de ses apôtres, le Christ en croix, et tant de héros du christianisme : quels admirables sujets pour la sculpture! Remarquons que les peintres et les sculpteurs chrétiens commencent où finissent les païens. Les païens nous ont montré des corps parfaits; le chrétien est trop supérieur à la beauté du corps pour s'en inquiéter vivement; la beauté de l'âme, voilà son domaine. Le peintre, l'architecte chrétien pourront même laisser dans leurs œuvres quelques détails d'un goût moins pur; ce sont de grands seigneurs, des hommes d'un mérite éminent qui peuvent impunément dédaigner l'élégance de leurs vêtements. Voyez cette femme, ette mère admirable par sa tendresse éclairée pour ses enfants, par sa touchante compassion pour toutes les misères : qui songera à lui demander la beauté de la Vénus de Médicis?

Je ne crois pas me tromper, mon Amédée, mais il me semble que le peintre chrétien doit même se défendre d'un trop grand éclat de draperies et d'étoffes, pour ne pas distraire l'attention du sujet principal. J'ai vu chez le cardinal Fesch, au palais Falconieri, un très-beau Rubens qui représente l'adoration des mages. Les vêtements des saints rois sont tellement riches que je cherchais et trouvais avec peine les têtes des mages enveloppées et comme perdues dans ces immenses et brillantes draperies. L'ignorance s'écrie : Comme cela est beau! Mais avec un peu plus de réflexion, on se dit : Cela serait beau si cela était moins beau. Quand je regarde les œuvres de Fra Bartholomeo, de Garofalo, mon attention se porte tout entière sur le sentiment qui anime les principaux personnages : j'adore avec eux, ce qui n'empêche pas d'admirer ensuite la beauté du dessin et de la couleur.

Mais ce que je trouve insupportable chez un peintre chrétien, c'est la recherche du nu. Le saint Jérôme du Dominiquin serait un tableau intolérable si l'artiste, au lieu de représenter un vieillard épuisé par les années, nous avait exposé un jeune homme entièrement nu recevant dans cet état la sainte Eucharistie. Non-seulement cela serait de la dernière indécence, mais cela serait d'une absurdité choquante. Cette affectation des peintres, depuis l'époque de Raphaël, de chercher partout l'occasion de montrer leur science du nu, cet étalage de science anatomique est un oubli frappant, une méconnaissance totale du but de l'art chrétien; il est entièrement contraire à l'esprit des compositions religieuses, et même dans les sujets qui semblent l'admettre. Ainsi, pour en citer un exemple pris dans les plus belles compositions de la peinture, dans l'*Incendie du Borgo*, Raphaël a voulu montrer son talent à rendre la beauté des formes; il a représenté un homme nu qui descend ou plutôt se suspend à la fenêtre, un jeune homme nu qui emporte son père nu aussi. Ce sont de superbes académies déplacées et qui nuisent à l'effet de l'ensemble. M. Valéry dit fort bien que cette fresque est plutôt une poétique inspiration du second livre de l'Eneïde que la représentation du miracle de saint Léon. Ah! que l'on comprend peu l'exquise délicatesse de l'art chrétien! Dans le même tableau, Raphaël nous montre de belles femmes portant de l'eau pour éteindre l'incendie; leurs attitudes sont plus ou moins théâtrales; qu'en résulte-t-il? Pendant qu'on est occupé à admirer ces belles formes, on oublie le sujet principal, l'esprit du poëme dont le but est de nous montrer l'effet des prières de saint Léon. Il faut bien se le persuader, le paganisme est le règne des sens, le christianisme est le triomphe de l'âme. Le peintre est un poëte, et le poëte un apôtre, un prophète! Annoncer, glorifier la vérité, voilà sa mission.

Quelle dégénération chez de soi-disant artistes chrétiens! ils ont dégradé l'art au point de n'en plus faire que la représentation des formes périssables, souvent même vil appât pour les jouissances des sens!

Et puisque nous en sommes à parler des *Chambres* de Raphaël, je te dirai que, quelque admirables que soient les chefs-d'œuvre de ce grand homme, ils n'ont point effacé l'impression qu'ont laissée en moi les œuvres des anciens maîtres qui l'ont précédé. Il y aurait bien des observations à faire sur les fresques de Raphaël au Vatican. Par exemple, dans son Ecole d'Athènes, Raphaël n'a pas saisi *la philosophie de la philosophie;* je ne trouve point d'autres expressions pour rendre ma pensée. Raphaël voulait mettre l'Ecole d'Athènes en regard de la Discussion sur le saint Sacrement. Il fallait montrer que tous les systèmes humains ont la même unité que les dogmes mêmes de la religion : Dieu. Les rapports de Dieu, de l'homme, et des hommes entre eux, aperçus par la raison, ne peuvent être connus et révélés que par la religion : la religion est ainsi le centre de la philosophie, le centre du cercle dans lequel s'agitent toutes les opinions humaines; en un mot, tous les systèmes de philosophie de quelque valeur montent vers la religion et en descendent. La religion aurait dû être placée sous une forme allégorique dans une sphère lumineuse, projetant ses rayons sur quelques philosophes qui se sont enrichis de ses lumières : sur Platon, par exemple. Mais comment, dira-t-on, un artiste aurait-il montré sur un pareil sujet plus de science que les philosophes eux-mêmes en avaient alors? Si Raphaël avait représenté allégoriquement les différents systèmes de philosophe dans leurs rapports avec la religion, qui en est la brillante et lumineuse unité, il eût été plus grand philosophe que tous les philosophes qu'il représentait; cependant la poésie de son sujet, le palais des pontifes auxquels il destinait son œuvre, pouvaient le conduire ou plutôt l'élever jusque-là! Angelico di Fiesole ou Fra Bartholomeo aurait trouvé cette allégorie plutôt que Raphaël. Hélas! les idées, les mœurs, la littérature s'étaient bien fourvoyées au siècle de Léon X; la renaissance des lettres et des arts fut une direction fatale donnée non-seulement aux arts, mais à toute la société chrétienne. On peut dire que ce prétendu renouvellement des lettres fut une invasion plus funeste mille fois que celle des peuples barbares. L'invasion des barbares présentait à l'onction du pontife des peuples neufs, vigoureux, ouverts aux impressions saines et généreuses; elle était à la fois la destruction d'un ordre dégénéré en affreux désordre, et la préparation à toutes les bonnes doctrines que le christianisme semait et faisait germer dans ces âmes vierges de sophismes. L'invasion de la littérature païenne a eu absolument l'effet contraire : elle a jeté les esprits hors de la voie chrétienne, elle les a replongés dans une absurde imitation du paganisme.

LETTRE L

Rome, 6 février 1834.

Il est impossible, mon Charles, de se faire une idée de la gaieté folle du carnaval. Toutes les croisées de la grande rue du Corso sont remplies de monde; dans la rue, une foule innombrable de masques, de voitures, de gens à pied et à cheval; une pluie continuelle de bonbons, ou plutôt de farine et de craie en forme de bonbons, sont lancés d'une voiture à l'autre, par les fenêtres; de tous côtés, des cris, des musiques, un train incroyable!... Ces bons Italiens s'amusent comme des enfants; ils ont une joie naïve à laquelle il est impossible de ne pas prendre part. Puis, vers cinq heures, partent ou plutôt s'élancent de la place du Peuple une douzaine de chevaux que l'on appelle Barberini. Il faut voir la fureur de ces petits chevaux, tenus chacun par deux hommes vigoureux, vis-à-vis une corde que l'on abaisse au moment du départ; nulle force humaine ne peut les retenir; je les ai vus s'élancer avant le signal par-dessus la corde, renverser leurs gardiens, sauter les uns au-dessus des autres; les cris du peuple, les battements de mains. et je crois aussi ce qu'on leur met sous la queue, ne contribuent pas peu à les exciter. Point d'accidents, tout se passe le mieux du monde, et je prends part à la joie commune, comme si j'étais un véritable transteverin. C'est au milieu de toutes ces choses qu'il faut juger le caractère d'un peuple. A Paris, il y aurait dix duels le lendemain, si l'on se permettait de jeter à la tête des dames, dans les voitures, la centième partie des bonbons qu'on se lance ici avec une impétuosité incroyable. A Rome, personne ne se fâche; les princesses romaines reçoivent des bordées de petites balles souvent assez dures au milieu du visage, et elles sont les premières à en rire. Je rentre, tous les soirs, blanc comme un meunier; mon habit, mon chapeau, tout est couvert de craie et de farine.

Une chose remarquable dans ce pays, c'est le peu d'amour-propre des Italiens; ils sont peu accessibles aux inspirations de la vanité. Les grands seigneurs de Rome sont très-populaires; ils n'ont aucune sorte de fierté, et les hommes des classes inférieures ne sont nullement embarrassés devant eux. Un prince romain cause familièrement avec un bourgeois, et le bourgeois n'a nullement l'air d'être flatté de ses relations avec lui; et tout cela sans effort. La grandeur n'impose pas aux Romains; ils ne l'honorent que dans le chef de l'Eglise : c'est véritablement le pontife du Très-Haut que les Romains vénèrent, non une puissance temporelle.

Cette absence de vanité chez les Romains contribue encore à la douceur des mœurs. Je n'ai pas vu une seule querelle depuis mon arrivée à Rome; au contraire, j'ai remarqué beaucoup d'aménité chez ce peuple si naturellement vif. Tout ce que l'on dit des coups de couteau si fréquents est exagéré; il y a moins d'assassinats à Rome dans une année qu'à Paris dans un mois. Enfin, à tout prendre, je prétends, et les gens qui verront par leurs yeux et sans préjugés seront de mon avis, que le peuple italien est peut-être le plus richement doué, le plus ouvert à toutes les bonnes impressions qu'il y ait au monde.

Mais, me dira-t-on, les Italiens manquent de bravoure, et d'abord ils ne se battent pas en duel. Je l'avoue, l'homicide de bonne compagnie est peu pratiqué en Italie; le meurtre réciproque, froidement concerté, exécuté à loisir, cet insolent mépris des destinées éternelles et des sentiments de l'humanité, le *duicide*, en un mot, digne frère du suicide, si c'est là de l'honneur, les Italiens n'ont pas assez éteint le sens religieux dans leur âme pour avoir cet honneur-là; il faut, pour le *duicide* comme pour le suicide, le même genre de courage, celui de jeter son âme aux enfers.

Quant au manque de bravoure dont on accuse les Italiens, je

fais bon marché de ce reproche, et voici comme je distingue diverses espèces de courage.

Tu connais le proverbe espagnol : *Il fut brave tel jour*. Ce que l'on dit de chaque homme en particulier, pourquoi ne le dirait-on pas aussi des peuples? Mais je vais plus loin : la bravoure est en général une espèce de métier ; on est soldat comme on est maçon ; on apprend à monter sur les toits ; tous les hommes, avec un peu d'exercice, sont capables de cette bravoure-là.

Il y a une autre sorte de bravoure qui vient du sang ; il y a des hommes qui regorgent de sang et qui ont besoin de verser le sang des autres et le leur même ; bravoure de tigre, bravoure de panthère : il est possible que les Italiens comptent moins de bêtes féroces parmi eux que d'autres peuples.

Enfin il y a une bravoure qui tient à un sentiment élevé d'honneur : le mépris de la vie quand il s'agit de la sacrifier à quelque chose qui vaut mieux qu'elle. Cet honneur, qui est partout l'apanage des âmes élevées dans tous les rangs de la société, les hommes véritablement dignes de ce nom en Italie l'ont certes autant que d'autres. Jamais on ne me persuadera que la nation de laquelle sont sortis les Doria, les Spinola, tant d'illustres doges de Gênes et de Venise, les Farnèse, les Colonne, enfin tant de grands hommes de guerre sur terre et sur mer, manquent d'un élément essentiel à la dignité humaine.

Mais je ne veux pas clore ma lettre sans te confier une dernière réflexion. Il existe des nations orgueilleuses, plus gouvernées par les préjugés que par la foi, pleines de toutes sortes de vanités, chez lesquelles beaucoup d'individus sont perpétuellement enclins à la moquerie ou au dédain. Or j'ai entendu dire à des hommes de ces nations qu'on ne peut mettre un frein à la médisance et à l'insolence que par le duicide. Le double homicide devient ainsi le remède à cet autre homicide qui blesse la réputation et souvent la tue! N'est-ce pas ici qu'il faut s'écrier : *Abyssus abyssum invocat?*

LETTRE LI

Rome, 8 février 1834.

« Une lettre d'Italie de votre père! Ah! je vous en prie, lisez-la-moi; on les dit fort intéressantes, les lettres de votre père.

— Mais celle-ci ne contient pas grand'chose.

— N'importe, lisez toujours, nous verrons bien. »

Alors, forcé dans tes derniers retranchements, tu lis ma lettre, mais à peine as-tu fini : « Voilà des choses que je n'ai jamais entendu dire. Votre père a des idées fort extraordinaires; on le dit homme d'esprit; mais quand on vit dans le monde, il faut penser et parler comme tout le monde, sous peine de passer pour bizarre. Cela ne m'étonne pas d'ailleurs, car il a en politique des opinions qu'on ne comprend guère; enfin,

De l'esprit si l'on veut, mais non le sens commun. »

Mon cher Charles, si cette conversation n'a pas eu lieu, elle a dû avoir lieu; c'est tout un. C'est ainsi que doivent parler un Parisien *pur sang*, un homme de bonne compagnie, et tous ceux qui reçoivent leurs idées toutes faites, et qui sont bien persuadés qu'il n'y a rien à y changer, depuis le jour de leur naissance jusqu'au jour de leur mort; tous ces hommes enfin qui ne croient point à la *Vérité incarnée* dans la personne adorable de l'Homme-Dieu, ou du moins qui agissent comme s'ils n'y croyaient pas, mais en revanche qui croient fermement au *préjugé incarné* dans une multitude de faquins qui se prétendent les dictateurs de l'opinion. Attaquer la légitimité du duel; se permettre, quoique Français, d'être plus catholique que Français; en un mot, méconnaître le pouvoir de ces idoles que le bon sens, non moins que le christianisme, foudroie, et qui étaient inconnues même des païens : c'est à me perdre de réputation dans les salons de bonne compagnie, c'est à ne plus oser se montrer!

Mon cher Charles, j'ai toujours accordé aux salons le droit de déterminer la coupe de mes habits et la forme de mes révérences, mais je ne leur ai jamais concédé le droit de m'imposer leurs prétendues *lois du monde*. Quoi! les préjugés, les opinions de coterie, les oracles de la mode, le dire de ces hommes ignorants, passionnés, qui traitent si légèrement les choses sérieuses, si sérieusement les choses légères, c'est à de si pauvres juges que j'irais asservir cette âme marquée du sceau divin, cette âme reine du monde et qui ne relève que de Dieu! Non, non, Charles, à vingt ans comme aujourd'hui, j'ai regardé, des hauteurs d'une intelligence illuminée par la foi, ces ombres vaines, ces êtres de raison ou plutôt de déraison, *qui jamais n'eurent une véritable vie.*

Che mai non furon vivi.

Alors comme aujourd'hui, j'ai pu dire et j'ai dit :

Non ragionam di lor, ma guardai e passai.

Jamais je n'ai passé sous les fourches caudines de l'opinion; quand j'ai failli, c'était entraîné par mes propres passions; mais j'ai gardé mon âme vierge de toute servitude de l'étranger.

Mais c'est à Rome surtout, mon fils, que je jouis pleinement de l'émancipation de mon âme : je t'en dirai les raisons profondes ; mais cela vaut la peine d'être expliqué à loisir. Je finis ma lettre comme les articles de revue : *La suite au numéro prochain.*

LETTRE LII

Rome, 12 février 1834.

Sortie de l'ineffable amour a la naissance des mondes, expression des rapports du fini avec l'infini, de l'accord primordial que la puissance, la sagesse et l'amour établirent entre eux et la créature faible et dépendante, l'harmonie des contrastes est la grande loi des êtres! mais si, jetant un regard dans l'abîme que l'homme a creusé en lui par sa révolte, de ces profondeurs la pensée remonte à la justice divine qui s'est manifestée à nous par la plus touchante miséricorde, alors apparaissent de nouveaux et plus étonnants contrastes, alors se révèle pleinement la merveilleuse harmonie de laquelle sortent toutes les harmonies de l'univers !

Or l'Eglise, fille du Très-Haut, reproduit en elle les merveilleux contrastes que nous offrent la vie et la mort, la passion et le triomphe de son divin Epoux. Combien de fois, depuis sa naissance jusqu'à nos jours, ne se sont-elles pas renouvelées ces oppositions de faiblesse apparente et de gloire immortelle ! Comme son divin Auteur, l'Eglise est née pauvre ; persécutée dès les premiers jours de sa naissance, elle aussi a vu périr ses premiers-nés de mort violente ; elle n'a échappé que par l'assistance divine à la mort dont la menaçaient les puissances de la terre ; elle aussi a grandi, s'est élevée au milieu des obstacles de tous genres, méconnue, injuriée par ceux qu'elle venait délivrer, n'opposant que le calme, la patience et ses bienfaits aux outrages qu'on lui prodiguait.... Et sans citer ici les nombreux exemples que nous offre la magnifique histoire de l'Eglise, arrêtons un instant nos regards sur les événements dont nous avons été les témoins de nos jours. Nous avons vu naguère des hommes qui se prétendaient désabusés des erreurs vulgaires, seuls véritablement éclairés, l'interroger, cette reine des intelligences, du haut de leur orgueilleuse raison ; nous l'avons vue, cette auguste Epouse du Christ, traînée du tribunal des philosophes au tribunal des Césars, au milieu des cris d'une multitude aveugle et passionnée ; nous l'avons vue honnie, conspuée, couverte d'indignes crachats, prête à succomber sous le fardeau des opprobres ; nous avons entendu tout un peuple, jadis le premier-né de cette glorieuse mère, s'écrier : « Nous ne voulons point qu'elle règne sur nous, nous n'avons point d'autre souverain que notre propre raison !... » Enfin nous avons vu le vénérable chef de l'Eglise, l'auguste représentant du Christ, devenu comme lui un *homme de douleur*, captif, les mains liées, étouffé, ce semble, dans les serres de *l'aigle rapace;* et bientôt après nous avons vu ce même pontife replacé par la main des rois sur son siége auguste, tandis que son persécuteur expirait attaché sur le roc, dévoré par ses regrets, si ce n'est par ses remords. Ah ! c'est lorsque l'Eglise semble prête à succomber, c'est alors que la divine puissance qui lui a été donnée brille d'un nouvel éclat ; faible et défaillante aux yeux de la chair, c'est alors qu'elle peut dire, comme son divin Epoux : *Lorsque je serai élevé de la terre, j'attirerai tout à moi !*

C'est que l'Eglise est la seule société dont l'infaillible vérité est la lumière, dont l'indéfectible charité est l'âme et la vie. Centre générateur duquel partent, auquel reviennent tous les rayons de lumière et d'amour qui éclairent, vivifient, fécondent la vie de l'homme et des sociétés, elle seule possède l'harmonie des contrastes que présentent sans cesse les développements des facultés humaines.

Et d'abord la religion dont l'Eglise est tout ensemble le corps et l'âme, la religion exerce à la fois nos facultés actives et nos facultés passives ; elle habitue l'âme à souffrir, à attendre, à patienter, à se résigner, et d'autre part à espérer, à agir, à ne pas se lasser, à persévérer à travers tous les obstacles ! Et quand les plus cruelles déceptions ont brisé notre âme, que deviendrait notre vie sans la religion ? Nous y serions renfermés comme dans une arène sans issue, nous nous débattrions en vain contre d'invincibles douleurs. Grâces vous soient rendues, ô religion sainte ! en vous et par vous je puis toujours croire, espérer et aimer, car l'objet de ma foi, de mon espérance, de mon amour, est bonté immuable. Oh ! vous qui avez perdu l'espérance sur la terre, élevez vos regards : il est un lieu où l'amour ne manque point à l'amour ; vos souffrances ici-bas vous présagent d'ineffables consolations. Si l'âme rend, sous le coup qui la frappe, un long et douloureux gémissement, ah ! c'est qu'elle recèle une profonde harmonie !

Ce que l'Eglise fait pour l'homme dans le sanctuaire intime de son âme, elle le fait avec non moins de puissance dans les relations des hommes entre eux. On peut le dire, les hommes sont entre eux dans les mêmes rapports que sont nos facultés entre elles. Il est des hommes destinés à vouloir, à commander, à exercer sur les autres un véritable ascendant ; il en est d'autres, faibles, pauvres, dépendants, en un mot, soit sous le rapport physique, soit sous le rapport intellectuel. Or, chose admirable et trop peu remarquée ! l'Eglise établit, entre ces diverses classes d'hommes, les mêmes compensations qu'entre nos facultés. Elle établit entre les riches et les pauvres, entre les grands et les petits, la seule égalité qui puisse exister, en conservant les inégalités naturelles, inévitables, invincibles ; inégalités qui d'ailleurs sont la base de toute hiérarchie sociale. Admirez la solution d'un problème partout insoluble hors de l'Eglise. Les riches, elle les constitue les trésoriers, les serviteurs des pauvres ; elle leur apprend à trembler au milieu de leurs richesses, à s'humilier de ce qui enorgueillit, à expier ainsi les négalités naturelles et sociales par la charité et le dépouillement volontaire de l'âme ; celui qui donne reçoit d'abord la grâce de donner. Savez-vous pourquoi certains riches sont si durs ? me dit un jour un homme d'un mérité éminent : c'est que Dieu n'a point ouvert leurs cœurs à la compassion envers leurs semblables. Dieu reçoit des petits qui l'aiment ; mais quant aux orgueilleux égoïstes, il ne veut pas de leurs dons ; ces riches au cœur dur ne sont point dignes de lui offrir dans la personne des pauvres. Ainsi ce n'est pas celui qui donne qui fait une grâce, c'est celui qui reçoit : Demandez et vous recevrez, et vous recevrez pour donner à votre tour à ceux qui demandent. Ce que la religion fait pour les pauvres, et tout ensemble pour les riches, elle le fait dans les rapports des intelligences entre elles ; elle établit entre les savants et les ignorants les mêmes rapports de bienfaisance et de dignité qu'entre les riches et les pauvres, qu'entre les grands et les petits ; elle donne de l'humilité, de la défiance d'eux-mêmes aux hommes d'une intelligence élevée, comme elle donne la liberté, la fermeté de jugement aux moindres intelligences ; elle empêche les savants de dégénérer en tyrans ; elle fait de la science une œuvre d'amour, de miséricordieuse charité faite aux intelligences.

C'est ainsi que l'Eglise est le lien de toute société ; que dis-je ? elle est la société même ! Tout est contraste dans l'univers, les petits et les grands, les forts et les faibles, les riches et les pauvres, les savants et les ignorants ; contrastes qui forment opposition, qui détruisent la société, loin de l'établir, si l'harmonie ne s'établit entre eux. Or tout l'enseignement de l'Eglise, toute son action consiste à établir l'harmonie de ces contrastes. C'est par l'Eglise que toute supériorité de l'homme sur l'homme, de pesante qu'elle est par sa nature, devient le lien même de la société ; elle a fait de la royauté même une sublime servitude, elle a transformé les rois à son image, en serviteurs de la société entière, et ces serviteurs, comprenez à quelle dignité elle les élève, elle les élève à la royauté. L'apôtre saint Pierre donne aux chrétiens le titre de prêtres-rois, *regale sacerdotium*. Ah ! celle qui apprend ainsi la liberté à ceux qui obéissent, et l'obéissance à ceux qui commandent, celle qui apprend à se soumettre et à régner tout ensemble, est la seule qui réponde complétement aux inspirations de l'âme ; en elle seulement se trouvent développées et satisfaites toutes les tendances de notre nature.

LETTRE LIII

Rome, 13 février 1834.

Comprends-tu, Charles, le bonheur que j'éprouve à me trouver dans ce centre d'harmonie ? T'ai-je bien montré comment l'Eglise seule répond aux inspirations de notre âme, quelle que soit notre situation dans tous les rapports si multipliés que les hommes ont entre eux ? Je t'ai parlé de la tendresse des relations que la religion établit entre les riches et les pauvres ; mais il ne faut pas croire que cette influence bienfaisante ne soit utile qu'aux pauvres ou aux riches seulement, dans l'intérêt de leur bonheur à venir. Le monde, quoi qu'on en dise, n'estime point les richesses en elles-mêmes ; quelque aveugle qu'il soit, il ne méconnaît pas à ce degré la dignité de l'âme ; témoin le prodigue qui s'attire le blâme général, témoin l'avare qui vit méprisé au milieu de ses trésors. Ainsi c'est la richesse du cœur qui seule donne du prix aux richesses matérielles, j'ajoute aux richesses intellectuelles, car, comprenez-le bien, la science n'est vivante et complète que par l'amour. L'harmonie des créatures entre elles peut être aperçue par l'intelligence ; mais elle n'est sentie que par le cœur, réalisée que par l'action. L'amour est l'intelligence descendue dans les profondeurs de l'âme : l'intelligence qui n'arrive point à l'amour, à la bonne volonté, manque de sagesse, manque de puissance pour le développement de la vérité ; elle n'en atteint point la vaste et sublime profondeur, elle n'enfante point. La science, les lois, les institutions les plus sages sont une écriture muette, une lettre morte, que l'amour seul peut transformer en parole vivante, en harmonieux concerts.

Voulez-vous des applications frappantes des principes que j'émets? l'histoire du genre humain les fournira.

Jetez un coup d'œil sur les sociétés du paganisme : les unes furent promptement immobilisées et comme pétrifiées dans l'erreur, témoins l'Inde, l'Egypte, la Chine ; les autres, telles que Rome, brillèrent, il est vrai, mais d'un éclat trompeur. Au milieu d'agitations croissantes, elles portèrent partout l'esclavage qu'elles recélaient en elles; elles ne firent que développer les principes d'erreur si étroitement liés aux faibles débris des vérités qu'elles avaient conservées, et lorsque ces restes de vérité furent consommés, elles s'évanouirent.

Mais dès que l'Eglise apparut aux sociétés humaines, elle ranima la vie qui s'éteignait en elles, et le principe civilisateur, comme un levain salutaire, ne cessa de fermenter.

» Mens agitat molem et magno se corpore miscet. »

Effacez l'Eglise et son influence depuis dix-huit siècles, et du même trait vous effacez toute la civilisation de l'univers. Ces apôtres, ces missionnaires qui ont apporté la lumière à ceux qui étaient assis à l'ombre de la mort, ces pontifes qui ont fait la longue et pénible éducation de la société chrétienne, ces véritables philosophes d'une intelligence si haute, d'un cœur si pur, si bien nommés les saints pères et les saints docteurs, tant de sublimes génies qui ont chanté sous toutes les formes les beautés de la civilisation chrétienne, tous ces hommes enfin qui ne sont grands que par l'Eglise romaine, qu'eussent-ils été sans elle? et sans eux, que serait la société?... Nuit effrayante!

Par l'Eglise, mon cher Charles, la vérité est une et variée dans ses applications, immuable dans son principe et progressive dans ses développements, véritable soleil qui parcourt, éclaire et vivifie sans cesse toutes les contrées de l'univers. Hélas! il n'est pas donné à la terre de se dérober aux bienfaisants rayons de l'astre qui l'éclaire, mais il est libre aux hommes de se soustraire à l'action de la société qui apporte la vie et toutes ses richesses. *Dieu, dès le commencement, a créé l'homme libre, et il l'a laissé dans la main de son conseil!*

Mais je vais porter ma démonstration à la dernière évidence. Supposons que l'Eglise joigne aux divins priviléges qu'elle possède immuablement une grande supériorité matérielle de puissance; qu'elle ait de nombreuses et vaillantes armées, un commerce considérable qui lui apporte les richesses de l'univers; en un mot, qu'elle tienne la place de l'Angleterre ou de la France. Fais attention que je n'ajoute à ce qu'elle possède qu'une supériorité que j'appelle avec raison matérielle, comme si je donnais à un homme, doué d'une haute intelligence et d'une âme élevée, de grandes richesses qui lui assureraient en même temps de puissants moyens d'influence. Continuons ma supposition. Le Souverain-Pontife est le chef et le moteur de toute cette puissance physique et d'opinion; il est clair qu'il emploiera d'abord son influence à établir partout la pleine liberté de l'Eglise; il constituera dans chaque Etat l'indépendance du clergé. Les clergés des différentes nations, soumis entièrement à la direction de Rome, perdront les idées particulières, les préjugés nationaux qui rétrécissent arbitrairement l'enseignement religieux, le rendent ici trop sévère, là trop relâché; ils enseigneront pleinement la doctrine romaine, si large, si profonde, si en harmonie avec nos facultés, si amie de l'homme et d'une sage liberté tant domestique que publique. Peu à peu les esprits, imbus de ces doctrines généreuses, s'affranchiront de toutes les fâcheuses directions qu'ils ont prises dans les divers pays. Les Français comprendront enfin l'alliance sainte du pouvoir et de la liberté; les Allemands ne se perdront plus dans le naturalisme, l'idéalisme, le mysticisme, le piétisme, etc. Il se formera partout une grande et belle philosophie chrétienne, la seule véritable; et toutes les sciences prendront, sous cette direction, de nouveaux, d'admirables développements dont il est impossible aujourd'hui de se faire une idée, mais que pressent celui qui est habitué de voir les effets dans les causes. Il y aura réciprocité de lumières d'un peuple à l'autre; le soleil de vérité répandra partout ses bienfaisants rayons. Les arts participeront nécessairement à cette heureuse influence; sous l'inspiration de la religion, en France, en Allemagne, comme en Italie, ils produiront des chefs-d'œuvre en tout genre; car la religion affranchit l'artiste, comme le savant, du despotisme de l'erreur; elle sauve également d'un classicisme étroit et d'un romantisme absurde. Ainsi toutes les institutions, tous les arts, toutes les sciences fondées sur la vérité se développeront dans la vérité. Il en résultera non-seulement de bonnes lois, de beaux ouvrages, des chefs-d'œuvre en tous genres, mais encore beaucoup de paix dans les âmes et un grand intérêt dans la vie publique et privée; les querelles des peuples entre eux, celles des rois et des peuples, non-seulement deviendront plus rares, moins violentes, mais elles seront apaisées par la sagesse du Père des fidèles, avant même qu'elles dégénèrent en suites funestes. Je ne fais que soulever légèrement le voile qui couvre aux yeux inattentifs les grandes destinées auxquelles la société serait appelée sous la direction de l'Eglise; je n'ai fait que donner au Saint-Siége de grands moyens d'influence pour qu'il puisse doter les peuples des biens dont il a seul le dépôt. Ne te paraît-il pas visible, mon cher Charles, que ces puissantes nations, qui ont occupé une si grande place dans l'histoire, n'ont souvent apporté aux peuples sur lesquels elles ont exercé une immense influence que malheur et ruine, tandis que le Saint-Siége, s'il disposait des moyens d'action, apporterait à tous la civilisation véritable ?

La découverte du Nouveau-Monde n'est rien à côté de cet empire de vérité et d'amour que la divine Providence a découvert aux yeux des hommes !

LETTRE LIV

Rome, 22 février 1834.

Ma Louisa, je viens d'avoir une audience du Pape, qui m'a reçu avec une bonté dont j'ai été vivement touché. Monseigneur Capaccini l'avait sans doute prévenu en ma faveur, car il m'a parlé de vous tous. « Je sais, m'a-t-il dit, que votre famille est entièrement dévouée à la religion et au Saint-Siége. » Dans le courant de la conversation, j'ai exprimé au Saint-Père l'intérêt incomparable que Rome a pour moi. « J'ai toujours eu une grande confiance dans saint Pierre, ai-je ajouté; mais vénérer dans Votre Sainteté le successeur de saint Pierre après dix-huit siècles, cela rend la foi si douce et si facile qu'elle perd presque son mérite; ailleurs je crois, ici je vois. Votre Sainteté comprendra facilement tout le bonheur que j'éprouve; on est loin ici des agitations de la terre, on les voit à distance; on se sent heureux d'être près de Celui par qui la paix et la justice doivent régner sur la terre. »

Le Pape a paru satisfait de mes réflexions; il m'a parlé du peuple de Rome, dont il a loué la bonté. « Voyez-le, m'a-t-il dit, au milieu des fêtes; il n'y a ni querelles ni désordres dans sa joie; chacun rentre facilement dans le calme de la vie ordinaire. » Avant de me retirer, je lui demandai sa bénédiction pour moi, mes enfants et toutes les personnes de ma famille, étendant ma pensée autant et aussi loin qu'elle pouvait aller. Il m'a pris les mains avec une bienveillance que je ne puis oublier, et il m'a dit : « Toutes les bénédictions que je puis vous donner à vous et à votre famille, je vous les donne de tout mon cœur. »

Je suis sûr, ma Louisa, que ces détails plairont à ton cœur si filial et si catholique. J'ai fait, depuis que je t'ai écrit, de charmantes promenades dans les environs de Rome; pendant trois jours, j'ai visité successivement Frascati, les ruines de Tusculum et de l'académie de Cicéron, les belles villas Aldobrandini, Conti, la villa Bracciano, puis Grotta-Ferata, Marino, Castel-Gandolfo où le Pape a un palais, Albano, Riccia, Monte-Cava; partout des sites pittoresques, partout de belles ruines, et toujours Rome au fond du tableau, Rome que l'on ne peut nommer sans émotion, et qui donne à tout ce qui l'entoure un intérêt que l'on ne peut comparer en rien. Pour bien juger de cette ville merveilleuse, il faut la voir à distance, au milieu de ses poétiques solitudes, à travers ses ruines éloquentes, s'élevant comme la reine du désert, toute brillante des clartés qu'elle doit à la religion. De Frascati, des bords élevés du lac de Castel-Gandolfo, tous les dômes de la grande cité disparaissent; le seul dôme de Saint-Pierre vous apparaît couronnant la ville éternelle; puis, lorsque vous vous rapprochez, les églises se montrent successivement selon leur grandeur relative, et je dirai presque selon leur importance, toujours dominées par la sublime tiare de Saint-Pierre. N'est-ce pas là une belle image du Saint-Siége dans ses rapports avec les églises particulières?

Je continue à traduire le Dante avec mon abbé; je commence même, avec son secours, à l'entendre passablement; j'apprends quelquefois ses vers sublimes par cœur. Cet ecclésiastique, fort instruit, me fait un très-curieux commentaire sur ce poëme, le plus extraordinaire assurément qui soit sorti de la main des hommes. Cependant je ne fais guère de progrès sous d'autres rapports; je n'acquiers nulle facilité pour parler italien : aussi l'excellent homme avoue que je ne suis pas dépourvu d'intelligence; mais il accuse ma mémoire et surtout ma paresse, et il a bien raison; il contient sa juste colère, je le vois bien; si j'étais un peu moins âgé, il me mettrait en pénitence. Mais quand il voit mon admiration pour son grand poëte, l'orgueil de l'Italie, et que je lui raconte comme quoi j'ai été bien reçu par le Pape, il s'apaise, car il est fort bon homme.

LETTRE LV

Rome.

Saint-Pierre le jeudi saint.

Il est quatre heures, on commence les ténèbres; c'est à la chapelle des chanoines de Saint-Pierre, chapelle qui est à elle seule une belle église. Un chant magnifique, des voix superbes se répondent d'une tribune à l'autre. Cependant l'office est long, et je sors pour aller *au tombeau*, situé dans une autre partie de la basilique : un autel magnifique est couvert de flambeaux allumés qui se dessinent en demi-cercle jusque sur les degrés; une table de communion tient les fidèles à une distance respectueuse et forme comme une auréole d'adoration autour de l'autel; au centre, le cardinal Grégorio, agenouillé, entouré de ses chapelains. L'église est tellement vaste, qu'ici on n'entend plus les chants de la chapelle canoniale. Cependant le cardinal, après avoir fait son adoration, se lève et va se placer devant un autre autel; entouré d'un clergé nombreux, il tient en main la verge du grand-pénitencier; là aussi se pressent de nombreux fidèles; chacun entre à son tour dans l'enceinte, et le cardinal touche légèrement de sa verge d'or la tête de celui qui s'incline agenouillé devant lui. Cette cérémonie se prolonge; pendant ce temps, une procession de pèlerins passe dans une autre partie de l'église, la croix est portée par l'un d'eux; puis une autre procession également précédée de la croix; elles viennent de différents côtés; les pèlerins sont revêtus de costumes pittoresques, ou couverts d'une espèce de capuchon qui leur voile la figure. Une congrégation pieuse, précédée par trois dames voilées, dont l'une porte la croix, se joint aux autres processions; ce sont de grandes dames romaines, tantôt la princesse

Borghèse, tantôt la princesse Doria, tantôt la princesse Colonne, qui se font honneur de porter la croix de Jésus-Christ. Toutes ces processions s'arrêtent dans le centre, devant la *Confession de Saint-Pierre*. A une tribune élevée au-dessus de la statue de sainte Véronique, s'allument plusieurs flambeaux; un prélat, placé au milieu, montre au peuple les saintes reliques : un superbe morceau de la vraie croix, la lance qui a percé le côté de Notre-Seigneur, enfin le voile que sainte Véronique donna à Jésus marchant à la croix, et où se voit encore l'empreinte de son sang et de ses sueurs; toutes ces reliques sont enchâssées dans l'or et les pierres précieuses; le pontife les élève successivement et donne la bénédiction au peuple avec chacune d'elles. Cependant l'office continue à la chapelle Pie; j'y retourne pour entendre le *Miserere* chanté en chœur par des voix merveilleusement belles. L'office finit; à la *Confession de Saint-Pierre*, on chante des versets analogues à la Passion. Une procession de pèlerins, composée d'un nombre infini de bons paysans qui sont venus de la campagne de Rome, défile silencieusement, la croix en tête, et sort de l'église. Saint-Pierre n'est plus éclairée que par quelques flambeaux. Et cependant, telle est la majestueuse immensité de cette église, que le reflet de ces lumières suffit pour faire juger ce que serait la basilique entièrement illuminée. Si l'on éclairait seulement d'un cordon de lumière les corniches de l'intérieur, le pourtour et le second cercle du dôme, de manière à faire resplendir aux yeux les apôtres, les anges, les séraphins qui sont représentés en mosaïque, ne semble-t-il pas qu'on verrait le ciel ouvert?

Voilà, ma Louisa, une partie de ce que j'ai vu, compris, pressenti. Ajoute que ce matin j'ai vu le Père des fidèles porté sur son siége à la loge extérieure de Saint-Pierre : la place est remplie de monde, les troupes sont sous les armes, toutes les cloches sonnent, le canon retentit; le Pape, debout sur son siége, entouré des cardinaux, et placé à une hauteur qui le fait distinguer de tous, donne trois fois sa bénédiction à la foule agenouillée. Qui n'a pas vu ce spectacle ne peut juger ni de la grandeur des cérémonies du culte catholique, ni de l'incomparable beauté de la cathédrale de l'univers.

Quant au jugement à porter sur Saint-Pierre, je conçois que l'on puisse blâmer certains détails; mais ils sont tellement effacés par la majesté de l'ensemble, que si j'entendais faire la critique

BÉNÉDICTION DU PAPE LE JEUDI SAINT

de cette incomparable église, je n'aurais qu'une seule réponse; elle serait dans le même genre que celle de Scipion à ses accusateurs; je dirais : « Nous avons cent fois admiré ce chef-d'œuvre du génie inspiré par la religion; retournons à Saint-Pierre pour l'admirer encore avec un nouvel enthousiasme. »

LETTRE LVI

Rome, 1er avril 1834.

Ma Louisa, je pars demain matin pour Naples; mais avant mon départ, je veux causer un instant avec mon enfant chérie. J'ai passé toute la semaine sainte à Saint-Pierre, comme font en général les étrangers; c'est alors que l'on comprend bien que Saint-Pierre est réellement et au pied de la lettre la capitale de Rome, comme Rome est la capitale du monde chrétien. Le jour de Pâques, pour ne parler que de ce jour-là, j'y étais à huit heures du matin. A neuf heures, arrivent dans le vestibule, qui serait seul une superbe église, d'abord les chanoines de Saint-Pierre, puis derrière eux les évêques qui se trouvent à Rome, puis tous les cardinaux la mitre en tête, puis les prélats camériers du Pape en grand costume, et enfin le Pape porté *en portantine.* Derrière le Pape suivaient le roi et la reine de Naples, le prince de Salerne, puis tous les ambassadeurs. Cette magnifique procession entre lentement dans Saint-Pierre; le Pape donne sa bénédiction au peuple prosterné, pendant que les prêtres chantent des versets analogues à la cérémonie; il arrive ainsi à la *Confession de Saint-Pierre*, et là, entouré de ce grand sénat chrétien, il célèbre pontificalement la messe. Le service terminé, le même cortége le reconduit, et il est porté au balcon que l'on appelle *la loge* et qui domine toute la place de Saint-Pierre. Soixante mille spectateurs remplissent cette place magnifique; les troupes sont sous les armes, infanterie et cavalerie; toutes les cloches sonnent; le canon tonne, et de cette élévation où il est placé, le Pape, debout sur son siége, donne trois fois sa bénédiction à la ville et au monde, *urbi et orbi;* c'est un spectacle qu'il faut avoir vu pour s'en faire une idée.

Le soir, j'ai vu la colonnade, la façade et le dôme de Saint-Pierre illuminés. Cette architecture si imposante, tout à la fois si noble et si gracieuse, dessinée dans les airs en rayons de feu, le dôme étincelant comme un diamant sublime, la croix, cette glorieuse bannière d'un empire immortel, la croix devenue lumière à tous les yeux comme elle l'est pour les intelligences, et qui semble descendue du ciel pour éclairer et bénir le monde.... quand on a joui d'un pareil spectacle, on ne doit plus s'attendre à rien de pareil sur la terre. C'est ici qu'il faut apprendre à connaître Michel-Ange ; Saint-Pierre paraît véritablement le chef-d'œuvre du génie de l'homme inspiré par la religion, comme l'Eglise de Jésus-Christ est le chef-d'œuvre de la Sagesse divine. Je suis même tenté de croire que la Providence a spécialement dirigé l'élévation de cette église, la plus belle que jamais le soleil ait éclairée. Certes ceux qui l'ont bâtie ne se doutaient pas à quel point ils exprimaient fidèlement le symbole de notre divine religion. Saint-Pierre est à la fois une *croix*, une *tiare*, et la majestueuse colonnade qui lui sert de portique, me semble, comme je te l'ai déjà dit, représenter le vicaire de Jésus-Christ tendant les bras à l'univers pour l'étreindre dans les liens de la charité et de l'amour divin.

Un spectacle d'un autre genre, c'est le feu d'artifice tiré du château Saint-Ange, le lundi de Pâques ; on l'appelle la girandole. Du milieu de cette tour immense s'élancent des millions de gerbes de fusées qui éclatent de toutes parts et qui, s'échappant violemment du centre de la tour, donnent l'idée complète d'une éruption du Vésuve. Puis le château paraît illuminé en dessins élégants brillant de la plus vive lumière, surmonté des armes du Pape et des clefs de saint Pierre. La décoration change de nouveau : des serpents de feu courent le long des murailles, se mêlent, se croisent, sifflent et tourbillonnent en tous sens, et font resplendir la forme du château Saint-Ange d'une lumière rougeâtre ; on dirait une apparition de l'enfer du Dante. Il serait trop long de te dire les jeux divers et si ingénieux de la lumière. Le tout se termine par une nouvelle et dernière éruption du Vésuve.

Toute ma vie je me rappellerai avec bonheur mon séjour à Rome. J'ai vécu entouré de merveilles ; mais celle qui me frappe davantage, quoiqu'elle ne paraisse pas aussi visiblement à des yeux inattentifs ou prévenus, c'est l'influence admirable de la religion qui règne ici dans son centre sur l'intelligence et le cœur.

Cet honneur admirable qui tue pour apprendre à vivre et justifie le vice par le meurtre, cette joie méchante qui naît de la médisance et qu'on regarde dans certains salons comme un plaisir de bonne compagnie, ce délire de la raison qui se perd dans de vaines abstractions et croit s'élever d'autant plus qu'il s'égare davantage; disposition particulière aux Allemands, que l'on pourrait nommer *mirage intellectuel :* toutes ces oppressives absurdités n'existent point sous l'action éminemment légitime, sage et bienveillante de l'Eglise romaine. J'ai fait une foule d'observations sur le caractère des Italiens; il serait trop long de te les rapporter; ma conclusion est celle-ci : les Italiens sont très-richement doués; ils réunissent à beaucoup d'imagination et de sensibilité beaucoup de jugement et de tact, et sont peut-être les hommes les plus naturellement portés à la bienveillance et à l'indulgence. A quoi attribuer l'évidente supériorité des Italiens sous les rapports que je viens d'indiquer? Evidemment à l'influence du catholicisme, qui est ici le principe, l'âme et la vie de toute la nation; il est si vrai, que tout est ici sous la direction de la religion, que l'emploi du temps n'a point d'autres règles. Les boutiques sont ouvertes ou fermées, les heures de l'ouverture de la poste aux lettres et de sa fermeture, le départ et l'arrivée des diligences, toutes les choses publiques et privées sont ici réglées uniquement par la religion, qui est, comme tu vois, une législation vivante et toujours agissante.

LETTRE LVII

Naples, 6 avril 1834.

Si l'on me demandait quelle est la plus belle terre, la plus belle mer, le plus beau ciel qu'il soit donné à l'homme de voir, je répondrais, sans hésiter : c'est la terre, c'est la mer, c'est le ciel de Naples. Jamais je n'ai vu les eaux d'un bleu aussi foncé, aussi pur. Une ligne d'une éclatante blancheur dessine pittoresquement les contours gracieux du plus beau golfe de l'univers; c'est Naples, c'est Portici, Torre del Greco, Castellamare, dont ces belles eaux baignent les murs. Il semble que de toutes parts les habitants de ces heureuses contrées se soient approchés des bords du golfe le plus près possible pour mieux jouir du spectacle enchanteur étalé à leurs regards. Des pentes douces ou escarpées, toutes chargées de riantes habitations et de la végétation la plus riche, s'élèvent successivement d'une part au sommet de la grande cité, de l'autre au pic sombre et sévère du Vésuve, lequel, comme une fournaise ardente, lance sans cesse, tantôt une flamme rougeâtre, tantôt une noire fumée. Pour couronner ce magique tableau, souvent des teintes d'un rouge vif pénètrent et recouvrent par intervalle la molle épaisseur des nuages. Le ciel brille à la fois de la lumière qui lui est propre et des larges reflets de pourpre que lui envoient les feux du Vésuve. Tels sont les merveilleux contrastes, telle est l'étonnante harmonie du ciel, de la terre et des eaux.

Cependant c'est le rapport des sites avec le cœur de l'homme que je me plais surtout à observer. Chose admirable ! les plus terribles commotions de la nature n'altèrent ici ni la fertilité du sol ni la joyeuse humeur des habitants ; ainsi la richesse de l'imagination, les charmes d'un aimable caractère, les douces émotions d'un cœur sensible et généreux ne sont point altérés par ces grandes douleurs qui creusent l'âme dans ses plus intimes profondeurs.

La route de Rome à Naples offre peu d'intérêt. Excepté les marais Pontins, qui ressemblent aux prairies que tu connais avant qu'A.... les eût desséchées et que je me chargerais volontiers de dessécher moyennant le susdit A...., excepté encore l'étonnant et délicieux escalier du palais Lancelloti, à Velletri, et les ruines très-bien conservées d'une villa de Cicéron, sur lesquelles s'élève une belle maison qui sert d'auberge, je trouve peu de chose digne de remarque sur cette route.

Naples, considérée en elle-même, est une ville superbe, la plus belle peut-être que j'aie vue en Italie. Non-seulement ses beaux quais, mais la largeur de ses rues, la grandeur de ses places, tout donne l'idée d'une immense population. La rue de Tolède est beaucoup plus belle et aussi peuplée que la rue Saint-Honoré ; partout de grands, de spacieux édifices, et je ne suis point frappé de leur mauvaise architecture, comme le sont certains voyageurs dédaigneux. J'ai trouvé à me loger à merveille, *quai de la Victoire* ; à ma droite, ma vue s'étend tout le long de la Chiaia ; devant moi Caprée, Sorrente, Castellamare.

F..GIER, DEL. J. QUARTLEY.

VUE DE PAUSILIPPE

GROTTE DE PAUSILIPPE

J'ai vu hier le tombeau de Virgile et la grotte de Pausilippe, bien digne de sa réputation, quoi qu'en dise M. Valéry, qui lui trouve moins de mérite parce qu'elle a été creusée dans le tuf et non dans le roc. Cependant elle a près d'un quart de lieue de longueur; et, sans les lanternes qui sont toujours allumées en plein jour, on n'y verrait pas plus que dans une caverne. Cette grotte a été une bonne fortune pour miss Radcliff. J'ai été me promener en voiture du côté de Capo-di-Monte, et je suis redescendu par la belle route taillée en vastes cercles qui vous amènent graduellement du sommet de la montagne aux rives du golfe. Des hauteurs que j'ai parcourues, on jouit du plus magnifique spectacle sur la mer, sur Naples et sur toutes les côtes jusqu'au delà de Sorrente.

Rien ne m'amuse comme certains dires populaires qui sont les naïves expressions des idées habituelles d'un peuple. Mon guide ne cesse de me répéter très-sérieusement que le Vésuve *travaille bien;* il en parle comme d'un bon ouvrier. Depuis deux mois, le volcan lance continuellement des flammes ou de la fumée très-épaisse. Aussi les Napolitains sont-ils très-contents de leur Vésuve. Il y a en Italie une foule d'expressions que l'on ne trouverait point ailleurs. Par exemple, à Florence, à Rome surtout, si vous apercevez une vieille ruine dont l'antiquité remonte à quelque six ou sept cents ans, et que vous demandiez à votre guide ce qu'est cette ruine, il ne manque jamais de vous répondre : *moderne.* Il faut en Italie que les monuments datent de deux ou trois mille ans pour mériter le nom d'*antiques.* Puisque nous en sommes aux expressions significatives, je te dirai que les enfants trouvés portent le nom touchant d'*enfants de la Madone.* La piété, la commisération du peuple les ont placés sous la protection spéciale de la sainte Vierge. Je laisse à d'autres le soin de noter avec plus de malice que d'exactitude les défauts et les vices qu'ils sont charmés d'amplifier. A moi de recueillir les talents, les qualités, les vertus; *j'ai choisi la meilleure part, elle ne me sera pas ôtée....*

LETTRE LVIII

Naples, 14 avril 1834.

Si tu viens un jour en Italie, ma Louisa, tu trouveras chez l'ermite qui demeure au pied du Vésuve un livre dans lequel les voyageurs ont coutume d'écrire leurs noms, et dans ce livre ces mots :

Huit avril 1834. — Le marquis de Beauffort.... Le voyage au Vésuve pendant une éruption n'est point une descente, mais une montée aux enfers.

La montée est très-rude; mais, arrivé sur le plateau, commence le spectacle; et quand on aime les émotions, on est bien dédommagé de sa peine. Ce que l'on sent, ce que l'on entend, ce que l'on voit, tout révolte les sens, effraie l'imagination; c'est une lecture vivante de l'Enfer du Dante; c'est mieux que cela, c'est en réalité un état intermédiaire entre la terre et l'enfer. Sous mes pieds, j'entendais de sourds mugissements. Tout autour de moi, des bouches à feu semblables à des tuyaux de fournaise ardente desquels s'échappaient avec d'horribles sifflements une fumée rousse et enflammée. Une odeur de soufre me suffoquait tellement que, pour ne pas étouffer tout à fait, j'étais obligé de tenir mon mouchoir contre ma figure; et l'intérêt allait croissant : plus nous avancions, plus la chaleur augmentait; elle brûlait nos pieds; une couche peu épaisse de lave refroidie nous séparait de la lave brûlante; à travers de nombreuses fissures nous la voyions, nous pouvions la toucher du bout de nos bâtons. Sublime spectacle! l'abîme sous nos pieds, sur nos têtes l'abîme! A un pied de distance devant nous, coulait un fleuve de lave ardente semblable à du fer en fusion; au-dessus de nous, à une centaine de toises, le gouffre lançait à une immense hauteur une pluie de feu et de pierres, dans une direction ***latérale***, comme tu l'imagines bien, sans quoi nous n'aurions pu nous approcher aussi près. Cependant la queue de l'éruption nous balayait le visage ; de petites pierres nous fouettaient la figure comme les jours de grand vent, sur une route ferrée, lorsque les tourbillons soulèvent la poussière. Le soir, j'ai joui d'un nouveau spectacle ; de Castellamare, où j'ai passé la nuit, j'ai vu couler cet éclatant fleuve de lave qui pouvait avoir un quart de lieue de longueur sur un demi-quart de lieue de largeur. Il faut convenir que le Vésuve a été bien aimable pour moi : depuis quatre mois, il ne cesse de vomir de la lave; pendant le jour, sur une superbe colonne de fumée blanchâtre, colorée par le feu, il semble un magnifique panache sur la tête d'un géant. Quelquefois, le haut du panache s'élargit au point qu'on croirait voir un glacier, le mont Blanc, par exemple, porté sur une colonne de neige dont la base elle-même s'appuie sur une montagne. Si j'avais un peu d'imagination, je tâcherais de te tracer quelque image de cette fantasmagorie de la nature.

Mais c'est ici surtout que l'on peut seulement faire l'application du principe de Boileau, c'est ici qu'il est facile de

Passer du grave au doux, du plaisant au sévère.

Le lendemain de ma visite au Vésuve, j'ai été à Sorrente, patrie du Tasse, lieu délicieux auquel je suis arrivé en suivant les contours du lac. Qui pourra jamais exprimer le charme ineffable de ce golfe, le plus beau de l'univers ? Et comment ne pas admirer et bénir le magnifique Auteur des merveilles dont j'étais le témoin ! Il y a deux ciels à Naples ; la mer est le second ciel, et je ne sais lequel des deux réfléchit l'autre. Quelquefois une voile blanche, semblable à un cygne aux ailes éployées, nage dans l'immense plaine d'azur ; plane-t-elle dans les cieux, se repose-t-elle sur les eaux, qui peut le dire ? Mais d'autres fois quelle riche et splendide lumière ! elle brille de couleurs si variées, elle revêt les objets de formes si gracieuses et toujours si nouvelles, qu'elle semble créer mille paysages dans un seul. La magicienne prodigue des enchantements toujours nouveaux : ici des teintes d'un rose tendre brillent sur les monts aux formes âpres et sévères, comme un sourire charmant sur la mâle figure d'un guerrier ; là des villages entiers, plongés dans une vapeur mystérieuse, reparaissent tout à coup brillants de vives clartés. Le soleil, comme un roi dans toute sa majesté, semble passer en revue ces belles habitations qui dessinent pittoresquement les sublimes contours du golfe; il jette tour à tour l'éclat de ses rayons sur quelques-unes d'entre elles; il anime, il vivifie, il illumine, il ravit l'imagination non moins que les regards.

Il faut s'arracher, ma chère Louisa, aux séductions de la sirène; j'appelle ainsi la lumière qui se joue dans le ciel, sur la terre, et surtout sur les eaux, en mille reflets charmants. Quelle richesse, quelle suavité dans ces teintes qui se succèdent ou s'unissent, et tour à tour brillent et expirent comme les sons d'une harmonie lointaine! Oui, ce qu'une physionomie, expression charmante des moindres émotions d'une âme généreuse et tendre, est à celui qui comprend et qui aime, ce que le regard de l'être chéri est au cœur enchanté, la mer, ce second ciel, ou plutôt tout le paysage de Naples, l'est à mes yeux, à mon imagination, et le sera toujours à mon souvenir!

Je devrais maintenant te parler en détail d'Herculanum, de Pompéi, de Pœstum. Après avoir vu la cause, il était naturel de voir les effets. Des cadavres de cités! Il faut venir à Naples pour voir de pareilles choses! J'ai vu toute une cité romaine, moins des Romains; jamais silence ne parla plus éloquemment! Là j'ai pu me convaincre que j'avais bien jugé l'antiquité! Les chrétiens ont sur les païens une immense supériorité, non-seulement sous le rapport des lois et des mœurs, mais sous le rapport des arts, et en particulier de l'architecture. Je prouverai la vérité de ce paradoxe.

Aujourd'hui je finis par une réflexion. La plupart des voyageurs qui vont en Italie sont secrètement païens; nous portons tous en nous une disposition à l'idolâtrie, et les souvenirs du paganisme flattent merveilleusement cette disposition. J'ajoute : bien que tous les voyageurs aient des yeux, il s'en faut que tous sachent voir. *Voir*, c'est réfléchir dans son âme comme dans un miroir fidèle les impressions des objets, c'est les reproduire dans toute leur vérité; *voir*, c'est comprendre le rapport des sites, des monuments avec l'histoire d'un peuple, avec les dispositions des âmes. Non, non, il s'en faut bien, tout le monde ne sait pas *voir!*

LETTRE LIX

Naples, 19 avril 1834.

Le magnifique théâtre de San-Carlo est fermé, ma Louisa, mais je ne regrette pas les représentations dramatiques ; l'horizon de Naples est pour moi un spectacle toujours nouveau. Ce soir, une harmonieuse vapeur d'un rose charmant ceignait les flancs de la Montagne (1); puis, s'élevant par d'insensibles nuances, cette gracieuse écharpe formait au sommet du Vésuve comme un bandeau d'un bleu foncé et pur. Je ne pouvais détacher mes regards de ce magique spectacle. Je voyais la colonne de fumée qui toujours s'échappe de la cime du volcan, devenue rose pourprée, s'étendre dans les airs comme une draperie charmante. Partout ailleurs les nuages colorés descendent du ciel et planent sur les sommets les plus élevés; souvent ici on les dirait exhalés de la cime des monts. Quelquefois les montagnes semblent des nuages légèrement posés sur la terre, d'autres fois les nuages semblent des montagnes gracieusement balancées dans les airs. Que sera donc la lumière de l'autre vie, puisque celle qui brille à nos regards est déjà si belle? Ces ravissantes métamorphoses que je n'avais observées nulle part sont-elles l'image des futures transformations que doit subir la terre que nous habitons?

Un spectacle moins gracieux que celui dont je viens de te donner une légère idée, c'est celui qu'offre le peuple de Naples ; je ne connais pas de gens plus bruyants, plus criards, plus sales, plus paresseux. Il y a ici un *mendiage* dégoûtant, un *mendiage* universel; tout le monde mendie, et même ceux qui pourraient vivre sans cela tendent la main. Rien de plus adroit que les Italiens, en général, pour saisir votre faible et en tirer parti à leur profit. On spécule ici sur votre dévotion, sur votre curiosité, sur tout ce que vous laissez apercevoir au dehors. Si vous priez Dieu avec attention dans une église, n'en doutez pas, un pauvre, ou se donnant pour tel,

(1) A Naples, on appelle le Vésuve *la Montagne*.

viendra s'agenouiller auprès de vous, et peu d'instants après il vous fera entendre une lamentation qui a pour but d'exprimer de votre bourse en proportion de ce que votre physionomie exprime de sentiments de piété. Allez-vous visiter quelques environs remarquables par la beauté du site? votre guide et jusqu'à votre cocher prennent acte de votre admiration et en concluent que vous devez payer en proportion du plaisir que vous éprouvez. Ils ne rougissent pas de vous dire : *N'est-ce pas, excellence* (car ici tout ce qui peut payer s'appelle excellence), *que cette vue vaut bien deux, trois piastres? Qu'est-ce que quelques piastres de plus pour jouir d'une pareille vue?* Partout j'ai trouvé de la cupidité, mais ici elle est grossière ; il y a une telle avidité pour se procurer de l'argent, une telle absence de honte, une telle importunité, que souvent j'ai perdu toute patience.

Eh bien, ce peuple sale, avide, paresseux, insupportable, je l'aime... du moins je ne le hais pas. C'est un vilain enfant, morveux, dégoûtant, impatientant ; mais c'est un enfant qui a bon cœur et qui annonce de l'esprit ; il n'est ni sournois, ni querelleur, ni ingrat ; il partage volontiers ce qu'on lui donne, et il vous sait toujours bon gré de la moindre chose que vous faites pour lui. J'avais été avec mon serviteur et mon domestique de place à Castellamare et à Sorrente, et pour cette course j'avais loué trois ânes. A mon retour à Castellamare, je donnai un pour-boire qui satisfit beaucoup mes deux petits âniers ; je les congédiai et ne m'attendais plus à les revoir ; mais l'après-dîner, lorsque je voulus sortir pour me promener à pied, je les trouvai tous deux plantés à ma porte ; ils me guettaient à mon passage pour m'offrir leurs services, courir devant moi, me montrer le chemin si je voulais aller quelque part. Le lendemain matin, de bonne heure, mes petits drôles étaient encore à ma porte ; ils portaient mes effets, ils ne permettaient pas à mon domestique de rien faire, c'étaient eux qui se chargeaient de tout. En général, le peuple est bon ; suivez-le dans toutes les actions de sa vie, ce peuple qui montre si peu de vergogne quand il s'agit d'obtenir quelque argent à force d'importunité, vous serez forcé de lui reconnaître d'heureuses inclinations. On compte quatre cent mille âmes à Naples ; c'est une des plus grandes villes de l'Europe, et l'extrême chaleur du climat semblerait pouvoir excuser, en partie, une grande licence de mœurs. Eh bien, les enfants trouvés sont proportionnellement aux autres capitales de l'Europe dans un nombre très-inférieur. Il n'est pas rare de voir de pauvres gens se charger de petits orphelins qu'ils adoptent quand ils n'ont pas d'enfants. Je te l'ai déjà dit, les orphelins sont ici sous la protection de la sainte Vierge, on les nomme les enfants de la Madone. Je n'ai point vu de querelles violentes au milieu de cette foule immense de peuple, et lorsqu'il s'en élève quelqu'une, j'ai vu les témoins s'interposer et chercher avec la plus grande douceur à apaiser les contendants; cela seul est caractéristique, et j'ai toujours remarqué le contraire dans toutes les grandes villes que j'ai visitées. Là, dès qu'une querelle s'élève, les assistants font cercle, et, véritables païens, se font une fête d'assister à un nouveau combat de gladiateurs; cruauté froide, abominable, que j'ai observée même chez les hommes d'une classe supérieure. Mais revenons à Naples. Dans ce beau climat, on vit toujours au grand air. Le soir, le peuple se rassemble sur le port, autour des improvisateurs. J'ai souvent écouté et regardé les acteurs et les spectateurs; point de plaisanteries grossières, point de contes bas et qu'ailleurs on appellerait populaires; de beaux vers tirés des poëtes nationaux, des récits d'une morale religieuse, des sentiments élevés exprimés en cantiques qui sont loin d'être dénués d'imagination, voilà ce qui attire, ce qui fixe pendant des heures entières l'attention des hommes déguenillés. Que ces poëtes des rues viennent à prononcer le nom de Dieu, vous voyez tous les auditeurs se découvrir la tête respectueusement; il y a sur ces physionomies attentives une expression sérieuse et sincère qui annonce des âmes droites, même élevées; oui, il y a de la poésie chez ces hommes à l'enveloppe grossière; au fond de ces âmes, vit un sentiment religieux, principe de tout bien.

Et comme partout la religion est bien adaptée aux besoins, aux habitudes des peuples! Elle se produit ici non-seulement par l'exposition de ses doctrines, mais par la richesse, la pompe, le luxe de tout ce qui tient aux cérémonies du culte. Sous un soleil brûlant, au milieu d'une nature d'une richesse exubérante, lorsque tout parle à l'imagination et aux sens, il fallait aussi que la religion parlât beaucoup aux sens, imposât ou plutôt attirât à elle par l'éclat de son culte, par la richesse des églises et de tout ce qui paraît au dehors. Innocente séduction qui ne charme les sens que pour élever les âmes, et par les choses visibles transporte l'esprit aux choses invisibles.

Aussi, je l'ai souvent remarqué, nulle part la religion ne m'a paru si amie de l'homme. Rien de si commun que de voir les pénitents qui viennent de s'agenouiller auprès du prêtre, sortis du confessionnal, venir causer amicalement avec leur confesseur encore assis sur le siége du juge. Le confesseur leur tend la main, qu'ils prennent familièrement, qu'ils baisent; la conversation entre le juge et le coupable repentant semble une douce et tendre réconciliation, et ceci a lieu souvent même avant la confession.

LETTRE LX

Naples, 21 avril 1834.

Je ne t'ai point encore parlé, mon Alfred, de mes visites à Herculanum, à Pompéi, à Pœstum. Là, j'ai pris l'antiquité sur le fait, et pour ainsi dire en flagrant délit. J'ai compris d'un coup d'œil ce que j'aurais vainement cherché si je n'avais pu me former d'idées que sur de froides images. Ce n'est rien de voir la gravure, la représentation d'un objet, c'est l'objet lui-même qu'il faut voir. Ainsi assurément on juge bien plus vite et bien plus sûrement un homme en le regardant un instant, qu'en étudiant son portrait, fût-il très-ressemblant. C'est que l'image est *chose morte*, et la personne et même l'édifice sont *choses vivantes*.

Une observation générale domine toutes les observations que l'on peut faire sur les monuments du paganisme consacrés à des usages bien différents; partout les mêmes éléments, les mêmes formes; il n'y a de distinction que dans la grandeur. Partout des colonnes : colonnes pour les *atrium*, colonnes pour les *forum*, colonnes pour les péristyles, colonnes pour les basiliques ou palais de justice, colonnes pour les temples. La colonne est le fond, l'élément et en quelque sorte l'essence de toute l'architecture païenne. Une grande monotonie, voilà ce qui m'a d'abord frappé. J'ai vu à Pompéi un *tepidarium* ou bain public bâti exactement comme le Panthéon de Rome; c'est une coupole avec les mêmes niches, les mêmes soins, la même élégance de travail.

VUE DE NAPLES

Les maisons des particuliers sont peu spacieuses; toutes ont un vestibule et un atrium; l'atrium renferme la cour, la salle d'audience et les corridors; il est toujours entouré de colonnes; les chambres sont petites, étroites, peu élevées. J'ai été étonné surtout de la petitesse extraordinaire des chambres à coucher, même dans les plus grandes maisons. En général, les habitations des particuliers sont gaies, élégantes, gracieuses, j'ajoute licencieuses; les murs sont couverts de fresques : ce sont des oiseaux, des muses, des danseuses, des sujets tirés de la fable et de l'histoire, agréablement exprimés; ce sont encore d'autres sujets, mais ceux-là je ne veux pas les indiquer.

Les édifices destinés au culte ont proportionnellement ou plutôt comparativement aux nôtres peu d'élévation, peu de largeur, peu de profondeur. Et que l'on ne dise pas qu'il est indifférent à la beauté des monuments qu'ils soient construits dans de plus ou moins grandes proportions; car alors je demanderais pourquoi la flèche de Saint-Michel ou de Strasbourg, par exemple, exécutées dans le même style, mais de la hauteur d'une maison seulement, seraient loin d'exciter la même admiration.

Les temples païens, très-étroits à l'intérieur, se distinguent à peine des autres édifices; il ne devait y avoir de place que pour les pontifes. Chose remarquable! le peuple était en dehors du temple comme il était en dehors de la vraie religion! Et voyez comme la distribution intérieure du monument privé de lumière, accessible aux seuls pontifes, contraste étrangement avec la forme extérieure, brillante, gaie, disons le mot, séduisante! Le culte des païens craint la lumière. Comprenons-le, l'intérieur d'un temple c'est son âme, c'est là que se célèbrent les mystères. Or l'obscurité intérieure des édifices voués au culte chez les païens ne vous semble-t-elle pas réfléchir cette obscurité plus désolante que répandait dans les âmes le prince des ténèbres? Oui, je le dis avec une entière conviction, les temples païens, étroits et sombres en dedans, brillants, sensuels en dehors, étaient la véritable expression de l'esprit de ténèbres et de séduction qui avait usurpé les hommages des aveugles mortels.

Mais voici une observation que je crois importante. Je t'ai dit que les colonnes étaient l'élément et, si l'on peut le dire, l'essence de toutes les constructions antiques; elles me semblent tout ce qu'il y a de plus sensuel, de plus rapproché des formes de l'humanité dans l'architecture. Schlegel les a comparées à des corps humains sans bras, d'une élégante proportion; les colonnes ne s'élèvent pas vers le ciel comme les ogives de nos églises gothiques, elles ne couvrent point nos têtes, elles n'ont rien de dominateur ni d'inspiré. Les dieux chez les païens n'étaient que des hommes que l'erreur accréditée se figurait plus forts, plus beaux, et qui d'ailleurs partageaient toutes les passions des mortels. Le culte des dieux semblables aux hommes se célébrait dans des temples semblables aussi aux demeures des hommes. Toute leur architecture est aussi humaine que possible.

C'est que le culte des dieux avait pour but principal de donner de la pompe et une nouvelle illustration à tout ce qui concerne la patrie. Ce ne sont point les choses de la terre qui s'élevaient vers les cieux, c'étaient au contraire les cieux qui devaient servir à la terre. La religion chez les païens ne me paraît qu'une seconde magistrature ajoutée à la première pour faciliter le gouvernement des choses de ce monde; les serments prêtés à la patrie devenaient plus solennels sous l'invocation des dieux. Ornements des cités dont ils renfermaient les trésors, les temples ont le même but que les autres édifices publics ou particuliers, l'utilité et le plaisir; ils charment les yeux et l'imagination; ils ne parlent nullement à l'âme.

En résumé, il m'a paru visible que le dieu des païens, des Romains surtout, c'était la patrie; et quel horrible dieu!... L'univers lui était dévoué; à Rome comme à Sparte, il exigeait le sacrifice de toutes les affections de famille, de toute l'indépendance du citoyen. La patrie était une véritable idole à laquelle il fallait du sang, et beaucoup. Ces noms pompeux de gloire, de Rome, ne m'en imposent point. Traduisez : orgueil national, égoïsme collectif, oppression de l'univers; et vous saurez la vérité. Hiérarchie méconnue en haut et en bas, tant sous le rapport de l'indépendance et de la dignité de l'homme que sous celui de la majesté et de l'infinité divine, voilà ce qu'exprime l'ensemble des édifices du paganisme.

Singulières et tout à la fois effrayantes analogies! nos maisons modernes si petites; nos modernes églises si peu spacieuses, si peu élevées, si brillantes, si coquettes; nos grands théâtres, nos grands édifices publics, et jusqu'à la multitude de colonnes prodiguées à tout propos et hors de tout propos, seraient-ils l'indice d'un retour au paganisme?... Nous avons vu la patrie déifiée naguère par la république française, nouveau Moloch auquel il fallait aussi du sang humain; nous avons vu l'empire universel, avec tous les caractères et même les noms du paganisme, rétabli momentanément par Napoléon; et n'est-ce pas une nouvelle idolâtrie que cette apothéose de la raison humaine sous le nom de système humanitaire?

LETTRE LXI

Naples, 26 avril 1834.

Comparons maintenant, mon cher Alfred, aux édifices du paganisme ceux construits sous l'influence du christianisme. Ici point de monotonie, variété, indépendance, dignité dans les habitations particulières; sublimité dans l'élévation des églises; hiérarchie, vérité intime, en un mot : voilà ce que nous offrent les constructions architecturales des chrétiens.

Les habitations des particuliers ont généralement participé à la grandeur que le christianisme a imprimée à toute la société. Je doute qu aucune demeure païenne ait jamais offert les majestueuses proportions, la beauté d'architecture du palais Farnèse, de la chancellerie de Bramante. La plus grande variété règne dans les édifices chez les chrétiens; les palais de Gênes sont bien différents de ceux de Florence, et ceux de Florence sont d'une toute autre architecture que ceux de Rome.

Mais l'architecture des églises chrétiennes est vraiment remarquable; elle porte visiblement l'empreinte d'une destination élevée bien au-dessus des choses humaines. Pendant que les temples des païens restent attachés à la terre comme leurs pensées, nos églises montent vers le ciel. Les temples païens ne vous donnent nullement l'idée de l'infini; ils ne vous inspirent que de l'admiration pour la beauté des formes; les églises chrétiennes sont toutes empreintes d'infini et de mystère; les temples des païens parlent aux sens; nos églises parlent à l'âme. Rappelle-toi combien nous avons souvent admiré le travail exquis des colonnes et colonnettes, des jubés, des voûtes, l'harmonie de l'ensemble, enfin l'effet merveilleux de tout l'édifice sur l'âme, car c'est toujours là qu'il faut arriver; et je n'ai pas dit un mot des flèches gothiques, de ces merveilles de l'art chrétien devant lesquelles disparaissent comme des pygmées les plus beaux édifices du paganisme. Mais il y a plus : quand le christianisme a pris les formes païennes, il les a agrandies, sublimisées; il a élevé le Panthéon dans les cieux et en a fait le dôme de Saint-Pierre.

Revenons à la comparaison de l'architecture païenne avec l'architecture gothique ou plutôt chrétienne. Je l'avoue, il y a dans les édifices des païens simplicité parfaite, goût exquis dans les détails, harmonie dans l'ensemble; mais il y a chez les chrétiens une simplicité plus auguste, plus d'originalité dans les détails; l'unité si haute, la riche variété n'existent point dans le paganisme. Là, on n'entend point cette harmonie qui commence sur la terre et s'achève dans le ciel. Nos églises gothiques n'ont rien de gai ou de sensuel au dehors, mais des formes imposantes, et leurs flèches ravissent la pensée dans les cieux. Intérieurement nos temples mettent la créature dans ses véritables relations de dépendance vis-à-vis le Créateur. Ces nefs immenses ne semblent-elles pas exprimer la grandeur infinie du Dieu vers lequel monte la pensée de l'homme et sa miséricorde qui les accueille tous dans son sein. Les saints mystères se célèbrent en présence du peuple; le chœur est destiné aux prêtres, la nef aux fidèles; les uns et les autres sont entre eux dans leurs véritables relations; admirable symbolisme qui s'étend à l'ensemble et aux détails.

Etudiez les divers monuments des arts du paganisme : nulle empreinte de piété; tout rappelle le plaisir, tout est fait pour en réveiller l'idée. A propos des ruines de Pompéi, M. Valéry s'écrie : « Au milieu de cette multitude d'édifices consacrés par les anciens à la religion, aux affaires et aux plaisirs, il est impossible de ne pas remarquer combien les sentiments d'humanité et de commisération paraissent étrangers à cette société si forte, si glorieuse, si passionnée pour la patrie; on n'a pas trouvé d'hospice à Pompéi. »

M. Valéry, cela vous étonne; il a fallu que vous fussiez arrivé à Pompéi pour apercevoir ce qui saute aux yeux, dès Rome même, dès qu'on a pu voir quelques ruines du paganisme!

Enfin, c'est un rayon de vérité qui a lui à votre âme encore passionnée pour la *vénérable antiquité*, que depuis longtemps j'ai nommée la *détestable antiquité.*

M. Valéry a complétement raison, il n'y avait point de charité chez les païens; le mot n'existait pas plus que la chose; il n'y avait chez les païens que des maîtres et des esclaves; ceux-ci travaillaient et mouraient non-seulement pour le service, mais pour le plaisir de leurs maîtres. La pauvreté était un des apanages de la richesse; elle était dévouée, corps et âme, sueur et sang, aux caprices, aux plaisirs même des riches, car on pouvait tuer son esclave dès qu'on en avait la fantaisie. Mais enfin, si la pauvreté ne comptait pas chez les païens, si les riches seuls possédaient la terre et la vie elle-même, puisque les pauvres n'avaient pas même leur vie en propre, les riches n'avaient-ils donc que des jouissances? tout n'était-il que bonheur sur la terre? Je dirai plus, les heureux eux-mêmes étaient-ils heureux? Le cœur humain n'a-t-il pas toujours été en proie à la douleur, aux regrets, à la crainte, et à des peines, hélas, sans consolation et sans espérance?... Et si la religion n'est pas la consolation des malheurs et de toute espèce de souffrance, qu'est-elle donc? Tout ici-bas n'est-il pas souvenir, indication, pressentiment d'une autre vie? En vérité, les temples des païens ne sont que des salles de spectacles; la Divinité y manque, et l'on se rappelle le mot de Cicéron, que deux augures ne pouvaient se regarder sans rire. Je défie les plus incrédules d'éprouver une impression de ce genre en présence de nos divins mystères!

LETTRE LXII

Naples, 30 avril 1834.

Sais-tu, ma Louisa, à quelle cause j'attribue et la fertilité extraordinaire du sol dans les environs de Naples et même en partie la beauté des horizons? C'est à une situation unique dans le monde. Naples est entre deux feux : entre les feux du ciel et les feux souterrains des volcans. La Solfatare est un volcan éteint, et l'on a remarqué que son cratère, qui n'est plus aujourd'hui qu'un amas de soufre, fume davantage lorsque le Vésuve lance moins de flammes ou de fumée, et réciproquement. Or la Solfatare est du côté opposé au Vésuve; il y a donc tout le golfe entre ces deux volcans, l'un vivant, l'autre éteint, mais qui, tu le vois, donne cependant encore des signes de vie. Non loin de la Solfatare, est le Monte-Nuovo, autre volcan éteint il y a moins de trois cents ans. Enfin la *grotte du chien*, les étuves de San-Germano, les étuves de Néron à Baïes, les eaux minérales si excellentes et si diverses de Castellamare, tout indique une action générale des volcans sous Naples et tout le territoire qui l'environne. Voilà en partie la cause à laquelle j'attribue l'extraordinaire fertilité du sol, et voilà aussi ce qui produit quelquefois de si magnifiques effets de lumière à l'horizon. Le Vésuve est le grand théâtre de Naples; sans cesse il donne de nouvelles représentations.

C'est ainsi que dans la nature le mal lui-même enfante le bien, ou du moins semble lui être intimement lié. Les richesses du génie, les sublimes créations poétiques, les plus beaux dévouements n'ont-ils pas souvent leurs sources profondes dans les feux intérieurs qui minent et dévorent les grandes âmes? C'est que notre nature a été brisée; c'est qu'il existe une immense discordance entre nos facultés et nos désirs, entre le bonheur que nous pouvons atteindre ici-bas et celui auquel nous aspirons. Plus l'âme est vaste et profonde, plus ses aspirations vers la vérité, vers la gloire, vers le bonheur sont puissantes, je dirai même terribles! Ne trouvant point d'issue aux feux qui la dévorent, une âme tourmentée fait entendre de profonds gémissements, et lance vers le ciel des flammes qui indiquent à tous à quelles grandes commotions intérieures elle est en proie.

Il y a ici un proverbe populaire qui étonne au premier abord, mais dont le sens est profondément vrai. Les Napolitains disent : *Voir Naples et puis mourir!* Qui de nous ne s'est écrié en certaines circonstances : *Obtenir ce bonheur et puis mourir!* Il nous semble qu'en arrivant à la possession d'un objet vivement désiré, nous recevions une trop grande portion de félicité, c'est-à-dire de vie. Nous tremblons de perdre ce que nous avons tant rêvé; nous sentons que nous usurpons, pour ainsi dire, l'existence de l'autre vie. Ah! notre vie ici-bas n'est qu'un tissu de petites joies et de longues douleurs!

Dans quelques jours, je retourne à Rome, et je ne voyagerai plus que pour me rapprocher de toi, ma fille chérie!

LETTRE LXIII

Rome, 6 mai 1834.

J'arrive de Naples, ma Louisa, à travers les Abruzzes; je suis venu par le Mont-Cassin, Ceprano, Volmontone. C'est une route peu suivie et cependant fort curieuse : des accidents de terrain gracieux et doux au milieu des montagnes hardies et grandioses, des paysans taillés en gladiateurs, parmi lesquels d'anciens brigands, aujourd'hui en non activité, à l'air fier, insouciants à faire plaisir, des paysannes au port de reine, aux traits nobles et fins, au teint fortement coloré, dont les yeux brillants réfléchissent la lumière et la renvoient en rayons de jais; toute cette nature, toute cette humanité si pittoresques plaisent à mon âme.

Depuis mon arrivée ici, il fait une chaleur accablante ; mon sang brûle, je respire la flamme ; il faut que je m'en retourne si je veux éviter d'être consumé ; et cependant avec quel plaisir j'ai retrouvé mon beau ciel de Rome, même après avoir vu et admiré l'étonnant ciel de Naples ! Ce qui manque à ce dernier, ce sont les dissonances ; la fusion des couleurs est telle que l'on ne peut préciser où l'une commence, où l'autre finit ; une harmonie trop caressante berce l'âme dans une molle langueur que je n'ai point éprouvée pourtant. En vérité, je suis tenté de dire que le ciel de Naples est panthéiste, tandis que celui de Rome est catholique. Ici l'harmonie entre les cieux et la terre est majestueuse et sévère; des touches larges et hardies, des couleurs nettement tranchées se détachent sur un fond transparent d'une ineffable pureté.

Je viens de voir le Pape, se rendant, dans sa voiture entourée de gardes, à une des églises de Rome ; sur son passage, le peuple s'agenouille pour recevoir la bénédiction pontificale. Ah ! l'on a bien raison de plier le genou devant cette puissance bienfaisante qui bénit tout et n'a de malédiction que pour les *malédicteurs* de l'humanité ; seule puissance sur la terre qui ne craigne point la vérité, que dis-je ? qui ne vit que par elle et pour elle !

Les observations que j'avais faites lors de mon séjour à Rome, se représentent toutes aussi vives à mon esprit. Sous la direction du Saint-Siége, l'intelligence est uniquement éclairée par le soleil divin, dégagée de toute influence étrangère ; vigoureuse et saine, elle juge dans son vrai sens toutes les tendances, toute l'histoire de l'humanité. Sans cesse on est amené à comparer les temps anciens et les temps modernes ; n'est-on pas au centre de toutes choses, du paganisme vaincu dont tant de monuments subsistent encore, et du christianisme toujours triomphant dans toute la suite de ses développements ?

Oui, j'en suis très-convaincu, il n'y aurait qu'à étudier les actes des conciles, les décisions des Papes, les prévisions, les craintes, les menaces paternelles, et enfin les châtiments spirituels infligés par les pontifes à des enfants obstinément rebelles ; en un mot, il n'y aurait qu'à compulser les archives de l'Eglise pour saisir le véritable esprit de l'histoire, chez tous les peuples, dans toute la suite des temps.

Je pars ; dans peu de jours, je t'écrirai de Notre-Dame de Lorette.

LETTRE LXIV

Notre-Dame de Lorette, 19 mai 1834.

Sur le sommet d'une montagne qui domine toutes celles qu 'environnent, s'élève Notre-Dame de Lorette ; autour d'elle apparaissent rangées en demi-cercle plusieurs collines couronnées chacune d'une jolie petite ville ; toutes regardent Lorette, et semblent placées là exprès pour honorer l'humble palais de la Reine des cieux. Un grand nombre de pèlerins, les uns à pied, les autres à cheval, cheminaient le bourdon dans une main, le chapelet de l'autre, portant au milieu d'eux une grande croix qu'ils allaient offrir à la Mère de Dieu. Je me suis joint à ces dévots serviteurs de Marie, dont mon cœur partageait si bien tous les sentiments. Ah ! que j'aime les peuples qui croient ! Croire, c'est faire preuve d'intelligence, c'est comprendre que la faible raison doit se soumettre à une raison plus haute, c'est adorer la source de toute vérité et de tout bien! Croire en la souveraine vérité, espérer le souverain bien, aimer la beauté suprême, n'est-ce pas là l'âme humaine tout entière?

Certaines gens sourient quand on leur dit que la Santa-Casa est la maison même dans laquelle est née la Vierge, Mère du Sauveur des hommes, et qu'elle a été transportée par les anges, d'abord en Dalmatie, ensuite à Lorette. Il en est souvent de même dans les vérités de la foi; les hommes du monde tracent un petit cercle hors duquel ils ne permettent pas à la sagesse et à l'amour infinis de se manifester. Tel miracle reconnu par l'Eglise, ils l'admettent; tel autre, ils le rejettent, et cependant il n'appartient qu'à l'autorité de l'Eglise d'admettre ou de rejeter. Il leur répugnerait de croire, disent-ils, telle ou telle chose extraordinaire. Pauvres gens doués certes d'une délicatesse exquise! Pour moi, enfant soumis, j'adopte avec bonheur tout ce que propose à ma vénération une Mère à laquelle mon âme est entièrement dévouée. Quant à la Santa-Casa, les Souverains-Pontifes n'ont cessé d'honorer, d'exalter le culte de Notre-Dame de Lorette; ils y ont attaché les plus précieuses indulgences.

Loin de répugner à ma raison, les merveilles du divin amour me paraissent au contraire parfaitement appropriées à nos misères. Je ne puis dire combien me touchent et me paraissent vraies et consolantes ces pratiques populaires qui réjouissent à la fois les yeux et le cœur. Les bons habitants des campagnes voient dans la sainte Vierge et dans leur saint patron des bienfaiteurs auxquels ils s'adressent dans leur misère; un enfant, une épouse sont-ils malades, ils invoquent, ils espèrent, et leur confiance est déjà une consolation. Les hommes d'une intelligence véritablement élevée sentent que rien n'est plus digne de la miséricorde divine que d'avoir donné, à de faibles créatures souffrantes sur la terre, des appuis, des consolateurs qui les aident dans leur douloureux pèlerinage. Et quels consolateurs! jadis semblables à nous, ayant souffert comme nous et avec nous. Dieu leur a accordé, en récompense de leur amour pour leurs frères, le privilége de continuer avec plus d'efficacité le rôle de protecteurs des malheureux qu'ils ont exercé sur la terre! Qui donc ne partage pas ces croyances si douces, si consolantes, ou, ce qui revient presque au même, qui dédaigne les simples et touch ntes pratiques qui les rendent efficaces? ces *esprits d'entre-deux*, dont parle Pascal, ces hommes que toute véritable grandeur éblouit et choque, car rien dans leur âme ne leur en donne l'idée ; ne comprenant ni la grandeur, ni la simplicité de la foi, ni la naïveté du cœur, ni les hautes conceptions du génie, ils se vengent par la médisance de ce qu'ils ne peuvent atteindre; ils croient s'élever par un doute railleur au-dessus de la vérité, dont le principe sublime et les développements délicats leur échappent également.

Voici ma route, ma Louisa : je vais par Ancône à Bologne, où je m'arrêterai quelques jours ; de là à Venise.

LETTRE LXV

Bologne, 21 mai 1834.

En parcourant l Italie, mon Alfred, on s'étonne à chaque instant de tout ce que rappelle cette terre merveilleuse tout imprégnée des souvenirs de l'histoire ancienne et moderne, cette terre plus fertile encore, si je puis le dire, sous le rapport intellectuel que sous le rapport physique. Je ne connais pas d'instruction plus vivante, de science plus palpable. Suivez avec quelque attention les objets qui frappent successivement vos regards, et vous verrez se dérouler devant vous et le paganisme et le christianisme, l'antique empire romain et le saint empire de Jésus-Christ, l'histoire du moyen âge et les chefs-d'œuvre des arts. De la comparaison de tout ce qui a été déposé par la suite des événements dans ce grand musée de l'histoire, naît, pour qui sait voir, l'appréciation la plus juste et la plus complète des hommes et des choses. Comparer, n'est-ce pas tirer du rapprochement des objets une vue nouvelle et plus élevée qui permet d'assigner aux choses leur véritable rang? Que d'observations curieuses si l'on se donnait le temps d'étudier tout ce qui se présente successivement à la vue! Lorette, Ancône, Rimini, Ravenne, enfin Bologne; souvenirs des plus grands et des plus aimables saints, du Bas-

Empire, des peuples goths nommés barbares, moins barbares cependant que les peuples corrompus qu'ils subjuguèrent ; souvenirs terribles, touchants ou bizarres du moyen âge et de la féodalité : voilà ce qui a passé sous mes yeux en moins de huit jours. Ravenne seule est une sorte de médaillier.

S'il est un peuple au monde visiblement gouverné par la religion, un peuple dont on puisse dire comme du juste qu'*il vit de foi*, c'est assurément le peuple italien. Les Pisans ont bâti un temple magnifique pour enfermer la terre sainte rapportée de Jérusalem ; à Lorette, une église enrichie de chefs-d'œuvre a été construite pour envelopper, comme un précieux tabernacle, la Santa-Casa. Ici une longue file d'arcades forme une route couverte qui conduit à l'église dans laquelle est placée l'image de la Vierge peinte par saint Luc ; ainsi la foi vivifie tout, et les cœurs, et les arts, et l'industrie elle-même. La piété, le patriotisme et l'amour des beaux-arts se réunissent dans un centre commun, et l'âme est pénétrée par tous les sentiments qui peuvent la remplir. Que l'incrédulité est difficile quand, pour y tomber, il faut à la fois renier son Dieu, son pays et tout sentiment du beau!!! En Italie, les hommes que des passions ou des préjugés hostiles éloignent momentanément de la religion, y tiennent cependant par tant de liens qu'ils ne peuvent s'en détacher complétement. On peut dire que le fil conducteur leur reste toujours dans la main. Aussi sont-ils aisément ramenés à la vérité quand l'âge et la réflexion les ont calmés.

LETTRE LXVI

Bologne, 23 mai 1834.

Avant d'arriver ici, ma Louisa, j'ai vu à Ravenne le palais dans lequel le Dante exilé fut accueilli par Guido da Polenta, qui à cette époque était maître de la ville. J'aime à suivre les traces des grands poëtes, de ces illustres chantres des grandeurs et des douleurs de l'humanité.

A Bologne, trois choses sont dignes de toute l'attention du

voyageur : l'université fondée par un Belge, la belle galerie de tableaux, et la Madone de saint Luc.

Sur une montagne, à une petite lieue de la ville, s'élève une belle église qui renferme la célèbre image de la Vierge peinte par saint Luc. Six cent trente-cinq arcades, bâties les unes par les communautés, les autres avec les offrandes des gens du peuple, conduisent de la porte de la ville à l'entrée de l'église. Partout dans ce pays les plus précieux souvenirs de la religion, enrichis des chefs-d'œuvre des arts, montrent aux yeux quelles furent dans tous les temps la foi et la piété des Italiens.

Je t'ai déjà dit, ma Louisa, combien j'aimais les offices du soir, surtout en Italie, où ils me paraissent plus beaux qu'ailleurs. Combien me touchent ces cantiques d'une tendresse ineffable, gémissements de l'amour souffrant qui s'élèvent vers le Ciel ! Les ténèbres qui règnent dans le temple ne sont adoucies que par la lumière qui émane de l'autel. Hélas ! c'est ainsi que la douloureuse obscurité de notre existence sur la terre souvent n'est tempérée que par l'espérance de l'autre vie ! Qui dira pourquoi la vie est si pesante, si amère pour l'un, si légère, si facile pour l'autre ? Et cependant, ô foi consolante, que j'embrasse de toutes les puissances de mon âme, tout ici-bas comme dans les cieux est l'œuvre du divin amour ! Mystères d'amour, vous m'êtes plus incompréhensibles que les mystères que la foi me propose ! Comme Job, je répands mon âme devant le Seigneur.

Pourquoi la lumière a-t-elle été donnée à un misérable? et pourquoi la vie a-t-elle été accordée à ceux qui sont dans l'amertume du cœur ?

Pourquoi l'ami a-t-il repoussé la douleur de son ami ? O Dieu ! n'avez-vous pas fait le cœur de l'homme pour aimer et pour être aimé ?

Les jours succèdent aux jours, les années aux années, et les douleurs aux douleurs !

Mes jours heureux ont été retranchés plus vite que le fil de la toile n'est coupé par le tisserand; ils se sont écoulés sans me laisser l'espoir de les revoir jamais.

Heureux le guerrier frappé par le glaive de l'ennemi; sa vie s'écoule avec son sang; mais les larmes de l'affligé coulent lentement, et toutes elles retombent sur son cœur.

Comme la grappe de la vigne sous le pressoir, telle l'âme de

TOURS PENCHÉES DE BOLOGNE

l'affligé sous le poids de sa douleur. Nul repos pour l'infortuné ; le sommeil a fui de ses yeux, et l'espérance de son cœur.

J'ai crié vers vous, Seigneur, et vous ne m'écoutez point; je me tiens devant vous, et vous ne me regardez point.

O vous, témoins d'indicibles douleurs, ayez pitié ! Ne vous fiez pas à votre justice, car le Seigneur est miséricordieux, et il se plaît à faire miséricorde.

Cependant, ô mon Dieu, vous avez fait l'homme à votre image !...

Ayez pitié de moi, Seigneur, selon la grandeur de votre miséricorde et selon la multitude de vos miséricordes !

LETTRE LXVII

Venise, 1er juin 1834.

Tu ne t'imagines pas, mon cher Amédée, l'effet qu'a produit sur moi l'apparition de cette grande cité qui sort des flots, immobile au milieu des agitations de la mer ! A la vue de ces dômes, de ces coupoles, de cette Constantinople chrétienne si extraordinaire, si imposante, presque autant par sa situation que par les grands souvenirs qu'elle rappelle, je restais muet d'étonnement, d'admiration et de pitié ! Un passé si glorieux pour aboutir à un présent si triste ! tant de pensées se pressaient à la fois dans mon âme, que je ne pouvais proférer aucune parole. Venise resplendit de gloire et de misère : c'est une reine tombée du trône ! Dans son abandon, au milieu de sa désolation, elle impose encore et commande le respect. Mais aussi voilà tout ce qui lui reste. Dandolo, Foscari, Mocenigo, Micheli, Morosini, vainqueurs de Constantinople et de Jérusalem, fléaux des Turcs, illustres guerriers chrétiens, qu'êtes-vous devenus? J'aurais fait retentir vos noms glorieux au milieu de la grande cité dont vous fûtes les héros, à peine si l'écho les eût répétés ! Vos palais tombent en ruines, et vos grandes races elles-mêmes ne sont plus que d'autres ruines, moins vivantes peut-être que les nobles demeures que vos mains élevèrent, qui croulent de toutes parts et bientôt n'existeront plus que dans les souvenirs. *Vanité des vanités, tout est vanité!* Ah! ce n'est pas la mort d'une personne, quelque illustre qu'elle soit, qui nous fait sentir le plus vivement la vanité des choses de ce monde, c'est la mort d'une nation et la fin de sa glorieuse histoire! Non, mon Amédée, tu ne peux te faire une idée de la tristesse qu'inspire cette solitude désolée de la grande reine de l'Adriatique....

J'ai vu le palais des doges tout resplendissant de chefs-d'œuvre. Sur les deux façades s'élèvent les statues de la sainte Vierge. Dans l'intérieur sont retracés les hauts faits de ces héros qui ont rempli le monde du bruit de leurs exploits, et les tableaux, chefs-d'œuvre du Titien, de Paul Véronèse, de Tintoret, qui représentent les doges à genoux rendant grâces à Dieu et à la sainte Vierge des victoires qu'ils ont remportées, sont aussi nombreux que ceux qui les représentent dans l'attitude du commandement et du combat. Ainsi les chefs-d'œuvre des arts retracent les chefs-d'œuvre de la valeur et de la piété. Oh! que j'aime cette noble et tendre union de la foi, du patriotisme et du génie! Partout ici on retrouve la grande, l'universelle patrie à laquelle la patrie passagère de ce monde rend foi et hommage. Epoques de foi et de gloire, qu'êtes-vous devenues?

J'ai visité les principaux établissements de l'arsenal, dont les bâtiments immenses remplissent un espace d'une lieue de circonférence. Là j'ai vu les étendards enlevés aux Turcs par les Vénitiens à la bataille de Lépante, le casque d'Attila, le modèle du *Bucentaure*, ce beau vaisseau que montait le doge lorsqu'il épousait solennellement la mer Adriatique, c'est-à-dire lorsqu'il en prenait possession. Des hauteurs du clocher de Saint-Marc, j'ai joui d'une belle vue de Venise sur les îles qui l'environnent et lui servent d'avant-garde, sur la mer Adriatique, et enfin sur les Alpes du Tyrol. Cependant, mon cher fils, toutes ces belles choses ne m'empêchent pas un instant de songer au bonheur que j'aurai à vous revoir tous. Mais j'accomplis la tâche que je me suis donnée; il faut que je recueille de mon voyage, sinon tout le profit possible, du moins une riche collection de souvenirs!...

VENISE — GRAND CANAL

LETTRE LXVIII

Venise, 4 juin 1834.

L'air est doux, rafraîchi par les vents de mer; le soleil ne foudroie plus comme à Rome et à Naples; et puis, lorsque j'ai bien parcouru les petites ruelles pavées de larges dalles, lorsque je me sens fatigué de marcher, je m'étends délicieusement sur les coussins d'une gondole et me sens glisser agréablement sur la surface paisible de la mer.

Mais, ma Louisa, quels palais! Je n'ai rien vu, ni à Rome, ni à Florence, ni à Gênes, que l'on puisse préférer à l'originale variété qui éclate dans les palais de Venise; ce sont de véritables tableaux dont il faut admirer le dessin, la couleur et l'expression. J'ai dit la couleur, j'aurais mieux dit la lumière, car l'harmonie parfaite des proportions protége la distribution de la lumière et ses beaux effets. Chose douloureuse à dire! ces grands tableaux, chefs-d'œuvre de Pelladio, Sansovino, San-Micheli, construits des matières les plus solides, seront moins durables que les représentations de la peinture elle-même. Les œuvres de Raphaël, du Titien, du Corrége subsisteront encore sur les toiles légères qui leur servent de fond et d'appui que les murs de ces beaux palais de Venise seront écroulés, tant leur est fatal l'abandon dans lequel ils sont tombés. Hélas! la plupart de ces beaux noms qui retentissent si glorieusement dans l'histoire n'appartiennent plus qu'à l'histoire!

Le palais des doges est plein de grands et beaux souvenirs; les chefs-d'œuvre du Titien, du Tintoret, de Paul Véronèse retracent non-seulement les hauts faits des héros qui ont illustré Venise, mais encore leur grande et tendre confiance dans la sainte Vierge, à laquelle ils consacrent leurs cœurs et leurs épées, à laquelle ils viennent rendre hommage des victoires qu'ils ont remportées sur les infidèles. La piété, la grandeur d'âme et la poésie sont sœurs comme la foi, l'espérance et la charité. Là où vivent les grandes pensées et les grands sentiments, là éclatent les grandes actions, et là aussi se trouvent toujours de grands poëtes, de grands artistes pour les chanter et les transmettre à la postérité.

J'aime à te redire une observation qui se présente sans cesse à moi. En vérité, il semble en Italie que la terre soit plus rapprochée du ciel; il y a entre eux des rapports plus intimes, plus sensibles que partout ailleurs. Ainsi toutes les villes et villages chez les peuples catholiques ont un saint patron protecteur du lieu; mais, en général, excepté le jour de sa fête, il n'est guère fait mention de lui, et les personnes peu instruites surtout, insouciantes sous le rapport religieux, peuvent très-bien ignorer le nom qu'il porte, ou tout au plus se le rappeler le jour de la fête patronale comme les débiteurs se rappellent leurs créanciers le jour de l'échéance.

En Italie, le patron d'une ville a l air d'habiter avec les citoyens; il est le personnage le plus notable, le plus chéri, celui dont on voit partout l'image, auquel on s'adresse sans cesse (1). Il a été l'ami, le bienfaiteur des pères, il l'est encore des enfants; toujours vivant, toujours plein de bonté, de puissance et d'action au milieu de ceux qui lui ont voué amour et confiance. Un homme sans notion aucune de nos usages chrétiens, arrivant en Italie et rencontrant partout la représentation du saint patron de la ville, l'entendant nommer sans cesse par des hommes simples, pourrait fort bien le croire un personnage vivant de la cité! Ah! combien j'aime ces relations tendres et filiales, pleines de chaleur et de vie!

Italie, terre merveilleuse qui ne cesse d'enfanter toutes les sortes de gloire et qui, loin d'être épuisée par de si riches moissons, est, j'en ai la conviction, toujours disposée à reproduire de nouvelles merveilles, reçois mon hommage! Nul ne t'en offrit jamais un plus sincère, et, j'ose le dire, plus juste et plus complet. Oui, l'Italie nous a tout appris, et elle nous conserve tout, théologie, science, poésie, beaux-arts. Les Italiens ont créé les modèles en tous genres. Que l'orgueil des autres nations s'en indigne, j'en suis fâché, mais voici ce que j'ose affirmer : aucun peuple n'a rien à comparer, en théologie à saint Thomas, en poésie au Dante (2),

(1) Cela est remarquable surtout à Padoue.

(2) Le génie de Shakespeare seul peut être égalé à celui du Dante, mais la poésie de Shakespeare n'a point de ciel.

en peinture à Raphaël, en architecture à Michel-Ange et à Palladio. J'aurais mille réflexions à te faire et qui paraîtraient paradoxales à bien des gens, et qui n'en sont pas moins profondément vraies. Par exemple, imaginez tel peuple qu'il vous plaira de choisir, supposez-le comme le peuple italien, et en particulier comme celui de Venise, soumis au joug étranger, sans commerce, sans ressource industrielle d'aucun genre, riche d'un passé glorieux, pauvre et déshérité dans le présent; supposez ce peuple vif, spirituel, passionné, et voyez s'il serait possible, si l'on peut même concevoir que la paix, l'ordre et la gaieté puissent subsister avec tant de causes de trouble. C'est là cependant le miracle perpétuel que nous offre l'Italie, et particulièrement le peuple vénitien; c'est que la religion est l'aromate qui empêche les peuples de se corrompre. Le peuple italien est né de la foi et se conserve par la foi, et *la foi est ce qui triomphe de ce monde.* Si tous les autres peuples venaient à périr, le peuple italien serait encore debout, et aujourd'hui même il est vrai de dire que l'Italie offre un phénomène qui, je crois, ne pourrait se reproduire nulle part ailleurs.

LETTRE LXIX

Venise, 10 juin 1834.

N'es-tu pas tentée, ma Louise, de me trouver admirateur trop enthousiaste des Italiens? Or voici mon dernier mot. Ces hommes si fins, si adroits quand ils veulent arriver à un but, sont généralement naïfs; ils ont une bienveillance naturelle plus grande que tout ce que j'ai trouvé ailleurs. Trois choses à mon gré distinguent particulièrement les Italiens : la bonté du cœur, la largeur d'intelligence qui tient à l'absence des préjugés, la vivacité et la richesse d'imagination unies à beaucoup de jugement et de tact. Considérés en général, les Italiens sont des jeunes gens amis du plaisir, paresseux, peu occupés de ce qu'on appelle partout convenances sociales; le *qu'en dira-t-on* n'existe point chez eux.

Sous plusieurs rapports, ils sont inférieurs aux autres peuples, parmi lesquels se trouvent un plus grand nombre d'*hommes faits*, doués de l'énergie que développe la vie politique. Sous d'autres, ils leur sont supérieurs, parce qu'ils n'ont point l'esprit rétréci, l'âme refroidie par aucun orgueil particulier ou collectif; aussi les hommes distingués de ce pays le sont en réalité plus qu'ailleurs, parce qu'ils joignent à la science, qu'on peut acquérir partout, une absence de préjugés, une largeur et une rectitude d'intelligence, une ouverture de cœur qui ne se trouvent guère ailleurs. Cela est remarquable non-seulement en théologie et en poésie, mais en toutes choses, et le docteur Alibert a dit avec raison qu'en Italie il n'y a point d'esprit de système, même en médecine.

Il y a des idées généralement répandues et tellement admises qu'elles semblent hors de toute discussion. Ainsi l'on reproche aux Italiens leur facilité à jouer du stylet, et l'on en tire les plus fâcheuses conséquences contre leur caractère. Ce que je vais dire semblera certes un paradoxe; mais n'importe! la vérité triomphe tôt ou tard. Je dirai donc que les coups de couteau donnés dans un moment de colère, sans préméditation, me font moins d'horreur que les coups atroces que les gens du peuple se distribuent dans leurs querelles. Un coup de couteau, donné sans préméditation, n'annonce que l'emportement subit de celui qui se livre à un grand accès de colère; mais ces coups de poing affreux, ces blessures horribles faites avec les ongles et les dents, ces hommes du peuple s'arrachant, dans un combat acharné et souvent de longue durée, les chairs du visage, se mordant, se déchirant l'un l'autre comme des bêtes féroces, et, chose plus horrible encore! ces nombreux spectateurs faisant cercle autour d'eux, les regardant froidement, en un mot protégeant leurs détestables fureurs et en jouissant comme d'un plaisir délectable : voilà, je le dis hautement, ce qui me paraît plus horrible même que les coups de couteau. J'ai communiqué mes observations à des Français spirituels et qui connaissent bien ce pays-ci, et ils ont convenu de leur justesse.

Je m'aperçois, ma Louisa, que, t'écrivant de Venise, je ne t'ai pas dit un mot de Venise. Or donc, cette nuit, ne dormant pas et m'étant mis à la fenêtre, j'avisai un ivrogne qui s'en allait les jambes avinées, heurtant l'un et l'autre mur; il chantait à tue-tête, devine quoi? les litanies de la sainte Vierge : *In vino veritas.*

LETTRE LXX

Vérone, 15 juin 1834.

Vérone, aux grandes tours, aux grandes murailles crénelées, en regard des Hautes-Alpes crénelées aussi et qui semblent lui former d'un côté comme un second et magnifique rempart; Vérone, à l'aspect classique et pittoresque, parle vivement à l'imagination. Ajoutez à cet intérêt celui des grands souvenirs qui se rattachent à cette cité. San-Micheli m'est apparu comme le second fondateur de Vérone; ce grand architecte, véritablement homme de génie, a embrassé et perfectionné les trois genres d'architecture, religieuse, civile et militaire; c'est de lui et de Léonard de Vinci que Vauban apprit l'art des fortifications. Un autre caractère particulier de Vérone, c'est qu'elle a toujours été l'asile des illustres infortunes. Les proscrits poursuivis par les haines de famille, de cité ou de nation, ont trouvé chez elle, à différentes époques, un généreux refuge. Juliette et Roméo, victimes des haines de leur famille, le Dante, victime des factions qui déchiraient Florence, enfin Louis XVIII, chassé de sa patrie, se réfugièrent à Vérone, où l'on peut encore trouver les traces de ces illustres proscrits.

Mais je ne puis oublier l'aimable hospitalité que j'ai trouvée ici dans la maison du comte Ortis, homme très-instruit, d'une conversation intéressante, et plein d'amour pour son pays. Certes, ce n'est point à mon mérite particulier que j'attribue le bon accueil que m'ont fait partout les Italiens; ils ont vu en moi un sincère admirateur de leur pays, et leur bienveillance à mon égard est encore du patriotisme.

Je me ferais des reproches, ma Louisa, si je ne te disais un mot de Vicence, véritable musée de palais; c'est là qu'il faut aller pour se former une idée du génie de Palladio, le Raphaël de l'architecture. Je ne me lassais pas de regarder ces belles constructions, d'en étudier le dessin si pur, la lumière si harmonieuse, l'expression si noble et si charmante. Comment ne pas admirer la place de Vicence et cette superbe basilique, chef-d'œuvre du grand architecte, et cette tour si élevée, si gracieuse, si légère, et la Logetta, et le mont-de-piété, et les deux colonnes qui ajoutent encore à l'effet pittoresque de la place? Il y a à Vicence comme à Bologne une longue file d'arcades par laquelle on arrive à la Madona del' Monte, dédiée à la sainte Vierge, dont le culte est en grande vénération. Les monuments commencés pour célébrer quelque victoire ou honorer la mémoire de quelque homme illustre peuvent fort bien ne pas s'achever quand ils exigent de la persévérance; un siècle ne lègue pas toujours ses admirations au siècle suivant, mais chez un peuple fidèle la piété ne meurt pas. Voilà pourquoi la religion, qui fournit aux artistes leurs plus belles inspirations, donne aussi la persévérance nécessaire pour achever les grands monuments. Qui ne voit pas que tout en Italie est l'œuvre de la religion, est incapable de le comprendre.

LETTRE LXXI

Parme, 20 juin 1834.

J'ai passé trente-six heures à Mantoue, et les peintures de Jules Romain au palais du T n'ont pas du tout répondu à mon attente; ces fameux géants si admirés ne sont que des portefaix auxquels Jules a donné de robustes proportions et les traits les plus ignobles; en vérité, je me les figurais tout autrement grandioses et terribles. La fable de Psyché est admirable de dessin, mais il n'y a point là de grand effort d'invention; c'est une réminiscence de Raphaël; jamais, ce me semble, le grand élève du premier des peintres n'a atteint une puissante originalité. Supposez-le sorti des ateliers d'un maître médiocre, à quoi se serait-il élevé? quel genre eût-il embrassé? la fable, l'histoire, les sujets religieux? En vérité, je ne puis le deviner. Raphaël avait au plus haut degré le sentiment du beau en tout genre; dans tous les genres, il nous a donné des chefs-d'œuvre. Ce qui distingue Jules, c'est la bizarrerie, témoin le palais de Colloredo. Quelle profonde aberration dans la plupart des œuvres de cet artiste! non-seulement les sujets représentés dans le palais des Gonzague sont tirés de la fable, mais ils respirent la volupté; ils sont païens à un degré effrayant. Que peut-on voir de moins chrétien que l'architecture, d'ailleurs noble et élégante, de la cathédrale? On dirait un temple païen qui a fait invasion dans une église chrétienne. Pourquoi Jules n'a-t-il point orné d'arabesques les murs de la basilique qu'il a *déchristianisée?* elles n'y seraient pas plus déplacées que ces jolies colonnes sans élévation qui, disons-le, sont ici un épouvantable contre-sens. Oui, Jules Romain est le Luther des arts; à côté de lui, et après lui, le Primatice, et la fatale réforme est consommée! Comparez aux œuvres de cet artiste trop vanté celles du Garofalo, de Fra Bartholomeo, n'y a-t-il pas la même différence qu'entre le christianisme et le paganisme? Placé au centre des arts des temps anciens et des temps modernes, Raphaël me paraît une espèce de Janus, dont une face est tournée vers le christianisme pâlissant, et l'autre vers le paganisme renaissant. Jules Romain ne regarde que le paganisme; après avoir vu (j'allais dire après avoir lu) ses peintures, une seule chose m'étonne, c'est qu'il y ait plus de deux siècles d'intervalle entre lui et la révolution déiste qui a menacé d'éteindre en Europe le flambeau du christianisme.

Ici le palais des Farnèse confirme les observations que j'avais faites à Mantoue; ces palais ont été décorés par les Carrache de fresques tellement voluptueuses, que le dernier prince de la maison d'Espagne qui a régné à Parme, les a fait effacer pour la plupart.

Mais l'immortel souvenir, ou si l'on veut l'immortel souverain de Parme, c'est le Corrége! Beau privilége du génie! Il possède une royauté immortelle! Palladio à Vicence, San-Micheli à Vérone, le Corrége à Parme, règnent sur la pensée, et tous les voyageurs vont faire leur cour et offrir leurs hommages à ces rois des beaux-arts, dont les œuvres font l'éternelle admiration des hommes de goût. Cependant, si je n'avais pu juger du mérite du Corrége que par quelques-uns de ses tableaux, moi aussi je serais tenté de dire, avec certains critiques, qu'il n'est quelquefois séparé de la mignardise que par une ligne imperceptible, par l'épaisseur d'un cheveu, pour me servir d'une expression vulgaire.

Mais je viens de voir une Vierge avec l'Enfant-Jésus; c'est

un repos en Egypte ; jamais *la grâce plus belle encore que la beauté* n'a trouvé un pareil interprète. La lumière du Corrége est vraiment chose étonnante ; si l'on plaçait dans une chambre tout à fait obscure le tableau de saint Jérôme, la lumière répandue dans ce tableau suffirait seule pour éclairer l'appartement !...

Dans peu de jours, je repasse les Alpes, mon cher Alfred. Adieu.

LETTRE LXXII

Schaffouse, 4 juillet 1834.

Suis-moi sur la carte, ma bonne Louisa. Je me suis embarqué avec ma voiture sur le lac de Côme. Débarqué à Riva, couché à Chiavena ; de Chiavena à Coire, capitale des Grisons. Route charmante de Chiavena à Coire, à travers le Splugen, qui est presque aussi intéressant que le Simplon. De Coire à Constance, toujours en longeant le Rhin, qui prend naissance dans les Alpes que je viens de traverser. Comme les grands hommes, ce beau fleuve annonce dès sa naissance ce qu'il sera par la suite, et tout le bruit qu'il fera en Europe. Il est vigoureux, large et rapide à quelques lieues de sa source. Les environs du lac de Constance sont délicieux. Je conçois parfaitement que l'on y vive, mais je ne puis comprendre qu'un homme de bon sens, sensible aux beautés de la nature, s'y laisse mourir ; c'est là cependant ce qui est arrivé même à des personnes de ma connaissance. Quelle nature que la nature suisse et allemande ! on l'a beaucoup vantée, pas assez à mon gré.

J'ai l'œil musical, ma Louisa ; la beauté du thème, la grâce des variations, les dissonances bien placées, le charme de la mélodie, la richesse des accords qui forment une ravissante harmonie, tout cela, mon œil le voit, mon âme l'entend.

J'ai vu à Constance la salle où s'est tenu le concile qui condamna Jean Hus et Jérôme de Prague. Là, parmi beaucoup d'antiquités, dont plusieurs sont à vendre, se trouve un poignard bien curieux qui a appartenu à un membre de la cour vehmique ; il est composé de trois dards qui s'ouvrent en pressant un ressort ; de manière que la malheureuse victime ne pouvait échapper à la blessure faite par cet horrible instrument de meurtre.

J'ai été visiter la charmante île de Mainau, propriété du prince Esterhazy. Vis-à-vis cette île, du côté de l'est, de magnifiques collines couvertes des plus beaux bois du monde, au prince de Furstemberg, et tout autour du lac les plus jolies villas, de belles et riantes habitations appartenant au roi de Wurtemberg et à de grands seigneurs allemands.

Je pars tout à l'heure pour Munich. Je comptais passer par la forêt Noire; mais il me faudrait faire un détour de trente lieues, et j'ai déjà fait tant de détours, moi, homme sans détour! J'ai couru des bordées comme en pleine mer, je me suis étendu à droite et à gauche, parcourant l'Italie et l'Allemagne, en large non moins qu'en long, me portant partout où quelque chose d'intéressant attirait ma curiosité ; ici je suis venu revoir la belle chute du Rhin.

LETTRE LXXIII

Munich, 12 juillet 1834.

Parmi les tableaux que j'ai vus dans les différentes galeries, mon cher Amédée, j'ai remarqué plusieurs Murillo admirables de naïveté, de vérité. Quelle immense distance sépare les artistes qui expriment des objets semblables, mais envisagés d'un point de vue différent! En choisissant pour sujets de ses compositions les hommes des classes inférieures, Teniers n'a peint que les joies basses et grossières de la vie physique. Murillo, dans des sujets plus communs encore, est bien autrement philosophe et chrétien ; il semble qu'il ait voulu montrer que, sous les haillons et dans les conditions les plus misérables, le Créateur a départi à chacune de ses créatures une portion de bonheur inhérente à l'existence même. Les pauvres enfants qu'il nous montre mangeant et s'égayant au soleil semblent heureux d'être ; la vie est un bienfait par elle-même.

C'est toujours la pensée profonde ou superficielle qui préside aux œuvres de l'art qu'il faudra d'abord chercher à découvrir; puis vient l'appréciation du mérite plus ou moins grand de l'exécution. A Schleisheim, à deux lieues d'ici, se trouve la riche collection de tableaux de l'école primitive, rassemblés par les soins de MM. Boisserée. Or voici, selon moi, la pensée qui a inspiré les compositions des peintres de cette époque : l'homme a été rendu pour un peu de temps *un peu inférieur aux anges*, c'est pourquoi l'homme a une tendance angélique.

Le but suprême de l'art consiste à exprimer cette disposition primordiale, ce caractère angélique de pureté et d'amour. C'est là le but visible que des peintres de l'école primitive ont cherché à atteindre : c'est ce qui caractérise leur supériorité sur les peintres qui sont venus après eux, dont la tendance est non-seulement moins pure, moins élevée, mais souvent radicalement fausse. Car l'imitation du paganisme, qui divinise les sens, tandis que le christianisme éteint la chair et représente l'homme angélisé, cette imitation est dangereuse et presque toujours opposée à l'esprit du christianisme.

Et quels beaux sujets que ceux offerts par la religion! A quelles merveilleuses créations elle élève les artistes! J'ai vu les peintures sur verre exécutées sous la direction de MM. Boisserée. La plus étonnante de ces peintures représente Jésus-Christ d'après Hemlinck ; toute la personne divine ressort avec tant de vivacité sur un fond lumineux et brillant, que je me suis écrié : C'est une apparition! On croit voir le corps glorieux, immortel, tel que l'Ecriture nous le représente dans les cieux.

Non-seulement la foi humble et soumise élève l'âme aux plus sublimes conceptions, mais elle seule nous fait jouir d'une sécurité que l'on n'éprouve point ailleurs. J'ai causé avec M. Baader, l'un des plus célèbres philosophes de l'Allemagne. Sa conversation me fait l'effet d'une promenade au bord d'un abîme ; la tête me tourne ; je crains d'avoir le vertige ; sans garde-fou je n'ose plonger mes regards dans de si ténébreuses profondeurs.

En vérité, je ne connais qu'un moyen de conserver non-seulement la foi, mais la raison : c'est de se tenir humblement attaché au giron de l'Eglise. L'ouvrage de l'abbé de la Mennais, qui cause aujourd'hui tant de scandale en Europe, est bien fait pour me confirmer dans cette pensée. Ce livre m'effraie pour le

VUE DE MUNICH

bon sens de son auteur; c'est un rêve, c'est un cauchemar, c'est une fantasmagorie; des ombres passent et repassent dans une lumière fallacieuse; on croit voir quelque chose, et tout disparaît. *Paroles d'un croyant*, dit-il. — Qui ne croit pas, peut-on lui répondre ; qui ne croit pas à cette Epouse du Christ, dont la Vérité suprême a dit : *Celui qui vous écoute, m'écoute; celui qui vous méprise, me méprise; et celui qui me méprise, méprise Celui qui m'a envoyé?* Effrayant châtiment infligé à l'orgueil! ce même homme qui venait de se soumettre à l'encyclique, le voilà qui jette son bonnet par-dessus les moulins, le voilà qui se met à luthéraniser; et pis encore: puritains, anabaptistes n'eussent point dit de plus épouvantables folies! M. de la Mennais veut effacer tout ce qui est; par quoi le remplace-t-il? par ce qui n'est pas, par ce qui ne peut jamais être. N'y aura-t-il pas toujours des riches et des pauvres, des forts et des faibles? toujours besoin d'autorité et d'obéissance?

Il y avait, selon moi, une grande et belle vérité à développer; cette vérité, la voici: Les rois, comme les pères de famille, ne sont et ne doivent jamais être que les tuteurs du libre développement des facultés humaines. Voilà ce qui eût été excellent, utile, éminemment utile à dire et à bien faire comprendre. Ah! M. de la Mennais est d'autant plus coupable qu'il nuit essentiellement à la cause qu'il prétend servir, à la cause la plus sainte, celle de la liberté des peuples, fondée sur la loi naturelle, confirmée et développée par la loi révélée.

LETTRE LXXIV

Nuremberg, 17 juillet 1834.

Me voici, mon Alfred, dans la ville la plus gothique de l'Allemagne et peut-être de l'Europe. Il semble, en parcourant les rues, que l'on n'ait pas bâti une seule maison depuis trois cents ans, et que l'on n'ait fait qu'entretenir avec la plus grande propreté les antiques demeures qui subsistent depuis des siècles.

Nuremberg ressemble à une jolie vieille, bien nette, bien propre, parée de ses anciens habits de noces, et dont l'aimable conversation plaît bien plus à un homme sensé que toutes les minauderies de jeunes et insignifiantes coquettes. En retrouvant, au milieu de l'Europe si *modernisée*, une antiquité aussi bien conservée, on croit presque revivre avec ses ancêtres ; c'est une espèce d'apparition du passé ; car les édifices, qui sont comme le second vêtement, comme la dernière enveloppe des hommes, ont une physionomie, je dirais presque un langage, qui souvent vous instruit plus que les livres.

Nuremberg, avec ses vieux et solides remparts, ses hautes et nombreuses tours, ses églises d'un gothique si pur, ses maisons en triangle, à toits pointus et qui ne finissent pas, Nuremberg vous retrace ces temps où les existences des communes, des corporations religieuses et civiles étaient grandes, fortes et complètes ; car elles portaient alors en elles-mêmes tous les moyens de se constituer, de se conserver et de se défendre. Ces vieux murs si épais, si réguliers, avec leurs tours pittoresques, ce n'étaient point des troupes soldées qui étaient chargées de les garder et de les défendre, c'étaient les citoyens eux-mêmes. Ces abbayes, retraites de la prière et de la science, étaient en même temps des forteresses ; leurs chefs avaient leurs juridictions, leurs hommes d'armes ; la société se composait alors d'une multitude de petites sociétés particulières, tout aussi bien et même mieux constituées que la grande société politique. Mais quand les rois eurent effacé tous les privilèges, c'est-à-dire toutes les *lois particulières* (*privatæ leges*) de chaque *société particulière*, quand ils eurent tout absorbé dans leur pouvoir dévorant, alors la société fut nivelée, ce que de bonnes gens appellent *bien ordonnée.* Je n'aime pas ce pouvoir *gargantuesque* qui dit : toi, lui, nous, vous et eux, c'est MOI ! Ce JE-là est trop insolent. Or donc les troupes soldées remplacèrent les citoyens qui se défendaient eux-mêmes ; alors les fortifications devinrent plus régulières, plus savantes ; armes à deux tranchants, car si elles servaient contre l'ennemi, elles purent servir aussi contre les habitants de la cité pour les dompter quand ils tentaient de résister aux exigences toujours croissantes du pouvoir. Elles entouraient les villes au dedans comme au dehors, et les habitants eurent au-dessus d'eux et autour d'eux un pouvoir qui n'était *ni par eux ni pour eux*. Alors les rois purent dire à leurs sujets, comme le cardinal de Polignac aux Hollandais, aux conférences de Gertrudenberg : *Messieurs*, c'est-à-dire manants, *nous traiterons de vous*, *chez vous et sans vous*. Et voyez l'analogie, qui est, comme la grande foi, facile à suivre au milieu de toutes les variations des choses humaines : les édifices, comme les existences particulières, perdirent leur caractère, leur physionomie ; tout fut nivelé, égalisé, enrégimenté, les maisons comme les hommes ; si l'ordre consiste dans l'égalité de servitude, dans *l'effacement* de toute individualité et, par conséquent, de toute originalité, certes, les rois purent se vanter d'avoir établi un grand ordre dans la société ; il est seulement dommage qu'un si beau système ait fini par la révolution qui a commencé il y a cinquante ans et qui dure encore.

Partout, j'aime à lire sous la rouille des siècles l'empreinte de ce que les hommes ont pensé, senti, voulu, exécuté; je vis dans le passé et dans l'avenir; je ne suis ni enthousiaste ni détracteur du présent; je trouve l'époque dans laquelle nous vivons extrêmement curieuse à observer, époque de transition qui tend à dégager l'avenir des abus du *passé faux;* car il y a un passé vrai toujours vivant, et il y a un passé faux qui ne fait qu'altérer le vrai beau contenu dans les temps anciens; c'est ce vilain bâtard, ce fils adultérin du despotisme royal et de la servilité courtisanesque, que tant de personnes appellent le *passé*, elles n'en connaissent point d'autre. Je n'ai fait que lever un coin du voile pour te laisser apercevoir dans des temps plus reculés le *passé vrai*, ce fils généreux de la religion et de la fière liberté des Germains. Adieu.

LETTRE LXXV

Nuremberg, 20 juillet 1834.

Tu serais enchanté de Nuremberg, mon Amédée; oui, c'est une ville toute gothique, conservée comme une châsse. Tu verrais avec plaisir ces vieux doubles murs avec cent tours pittoresques, ces maisons triangulaires toutes empreintes d'originalité, armées de petites tourelles qui sont comme des sentinelles immobiles fixées aux angles; dans le centre, presque toujours des balcons bâtis en pierre de taille, décorés d'images de saints en pierre, des églises d'un beau gothique, des fontaines publiques qui ressemblent à de petites flèches d'églises, entourées dans le bas de statues de saints admirablement sculptées; dans la cathédrale, un tombeau gothique en bronze de saint Sebalde, chef-d'œuvre de Pierre Fischer; enfin le vieux château, *le Burg*, qui a été habité successivement par quatorze empereurs d'Allemagne, avec une chapelle bâtie en 900, et au milieu de la cour un vieux hêtre cerclé en fer, âgé de sept cents ans, planté, dit-on, par l'impératrice Cunégonde, femme de saint Henri.

Crois-tu, mon Amédée, qu'aucune autre ville en Europe puisse offrir un aussi grand intérêt? Où trouver de pareilles curiosités réunies en si grand nombre? On dirait que toutes les maisons ont été conservées sous des abris, tant elles sont propres et bien entretenues. Ici le passé est toujours présent; lui seul, en quelque sorte, a le droit de bourgeoisie; ce qui est si vrai que même le petit nombre des maisons que l'on bâtit sont d'un style gothique; leur architecte nommé Heidelof, dont le nom même, comme tu le vois, est gothique, est l'auteur des constructions de ce genre. Je pars pour Wurzbourg, je m'y arrêterai un instant; c'est une ville que j'ai habitée avec mes parents pendant l'émigration.

LETTRE LXXVI

Francfort, 24 juillet 1834.

La grande-duchesse de Darmstadt, les princes de Nassau et de Hessen, voitures à deux, à quatre, à six chevaux, équipages suivis de leurs fourgons, chevaux de selle, chevaux de poste et postillons, diligences, postwagen, eilvagen, cabriolets, tappecus, voilà, ma Louisa, ce que je vois passer sous mes fenêtres. Francfort est un petit Paris, le centre de l'Allemagne, par lequel

MAISON A NUREMBERG

passent et repassent rois et empereurs, princes et princesses, comtes et barons d'Empire se rendant aux eaux, en Angleterre, en France, ou en revenant. En Allemagne, le passé est encore vivant; partout encore la vive et chaude empreinte de cette grande féodalité qui cependant va tous les jours s'effaçant, car elle a fait son temps, comme bien des choses de ce monde.

Lors de mon dernier voyage à Francfort avec Charles, nous avons été d'ici à Mayence en bateau sur le Mein, de limoneuse mémoire. Cette fois je ne quitterai pas la terre; la route et ma voiture sont toutes deux si roulantes que, l'une portant l'autre, je ne sais trop pourquoi je prends des chevaux de poste; une première impulsion, une chiquenaude donnée à ma calèche, et elle courrait jusqu'à Mayence.

Je n'achève point ma lettre ici, ma Louisa; je la fermerai à Andernach.

Andernach, 27 juillet 1834.

J'ai été voir le Rheinstein, ce château si chevaleresque sur les bords du Rhin, dans une situation toute romantique. Il a été achevé ou plutôt refait sur l'ancien plan qu'il était facile de suivre, tout étant encore parfaitement indiqué. Le prince Frédéric de Prusse, qui l'a arrangé avec un goût exquis, y est dans ce moment avec la princesse et ses enfants; il permet que les étrangers visitent son admirable demeure. J'ai donc pu monter sur les remparts; je suis entré dans la salle des chevaliers, *rittersaal*, décorée d'armures antiques et uniquement meublée dans le style du moyen âge, n'ayant de jour qu'à travers des vitraux gothiques. Que j'aime ces antiques châteaux, semblables à des guerriers immobiles sous les armes; on dirait que ces vieux donjons, nobles demeures des anciens preux, sont eux-mêmes des chevaliers armés, bardés de fer, couverts de leurs boucliers, l'épée au poing! Et si l'extérieur est le symbole de la force et de la puissance, l'intérieur ne semble-t-il pas aussi le symbole de ces grandes âmes pleines de simplicité, de foi et de dévouement? Ainsi que dans les vieilles basiliques, les vitraux retracent des sujets pieux : c'est une lumière mystérieuse et douce qui invite à la méditation; ces châteaux sont comme des sanctuaires, tant il y a de gravité dans les ameublements, tant les sujets qui vous environnent retracent une vie simple, pure, dévouée. Non, ce n'est pas sans raison que tant d'âmes éprouvent un secret attrait, une vive émotion à la vue des monuments du moyen âge. Dans tous les siècles, les hommes ont gravé dans les édifices qu'ils élevèrent, et même à leur insu, l'empreinte de leurs pensées, les sentiments qui les ont animés; et l'on a raison de dire que les pierres elles-mêmes parlent; elles traduisent le passé plus fidèlement, plus historiquement que l'histoire elle-même, si souvent altérée par les préjugés et les passions.

J'ai couché avant-hier à Bingen, hier à Saint-Goar, aujourd'hui à Andernach; je suis comme la nymphe du Rhin, non pas que je vive au milieu du fleuve, mais sur ses bords. J'ai peine à m'en arracher. Le Rhin, ce héros que j'ai vu naître, se montre ici dans toute sa gloire. Prés et bois, vergers et vignobles; sur la cime des rocs, les vieux donjons de l'antique chevalerie, imposantes ruines, dont l'austère majesté efface les plus élégantes créations de l'art moderne; au bas des coteaux, de riantes et populeuses cités. Toutes les richesses morales et industrielles de la civilisation antique et moderne, le Rhin semble les épancher ou, comme un aimant magique, les attirer sur ses bords. Je te l'ai déjà dit, le Rhin est l'Homère des fleuves de l'Europe, son cours est un superbe poëme épique.

Adieu, ma Louisa; dans peu de jours je serai près de toi. Je t'aime et te bénis de toute mon âme.

FIN

VUE DE FRANCFORT

TABLE DES MATIÈRES

— Lille. Typ. J. Lefort. —

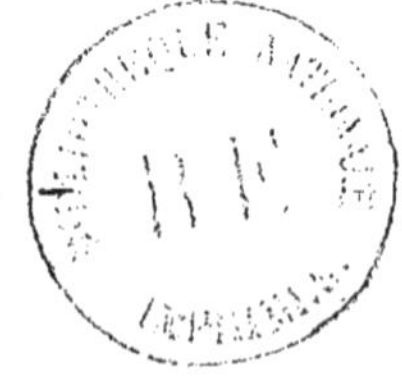

www.ingramcontent.com/pod-product-compliance
Ingram Content Group UK Ltd.
Pitfield, Milton Keynes, MK11 3LW, UK
UKHW021056230726
13926UKWH00004B/1883